L'intelligence artificielle de mon banquier !

Jean-Marc Plantiveau

L'intelligence artificielle de mon banquier !

Essai économique post-moderne

© 2017 Jean-Marc Plantiveau

Illustration: **Europa.eu - newsroom**

Edition : BoD - Books on Demand
12/14 rond-point des Champs Elysées
75008 Paris
Imprimé par BoD – Books on Demand, Norderstedt
ISBN : 978-2-955-3848-0-0
Dépôt légal : 08-2015

Tous droits réservés. Aucune partie du matériel écrit et protégé par ce droit d'auteur ne peut être reproduit ou utilisé sans son accord, que ce soit sous forme électronique, photographique ou sonore ou sur n'importe quels autres supports de stockage tels que la photocopie et le téléchargement.

« Cet ouvrage est dédié à mes deux filles,

Emilie et Camilla »

Sur l'auteur :

Diplômé de Science Politique, Jean-Marc Plantiveau s'oriente sur des études de Droits et obtient une Maîtrise de Droit International Public attribuée par l'Université de Lyon. Il a servi l'administration publique internationale pendant quatorze années. C'est cette connaissance du monde qui lui permit, par la suite, de travailler dans une entreprise de fond d'investissement en tant qu'analyste des données techniques et fondamentales macro-économiques pour le compte de celle-ci.

C'est la crise des sub-primes qui lui donna l'idée de publier cet ouvrage.

Avant-propos

La rédaction d'un ouvrage sur l'économie est appelée à être régulièrement mise à jour. Non seulement parce que les événements modifient le comportement des acteurs lorsqu'ils sont en face de révolutions politiques, de conflits violents, ou simplement parce la confiance envers les banques fait défaut; mais aussi parce que l'innovation technologique affecte le comportement du décideur. L'économie est un phénomène social qui forge sa dynamique sur toute forme d'échanges entre les hommes. Je suis convaincu que l'innovation technologique simplifie les interventions sur les marchés, et que ceci a des répercussions sur le commerce international. Les machines analysent les statistiques, organisent le trading, rédigent les contrats, facilitent des millions de transactions quotidiennement et mettent en place un système ou la place de l'homme se réduit à celle de stratège décisionnaire. Souvent la technologie est utilisée pour déresponsabiliser l'homme lorsque le hasard dérègle les routines programmées. Ceci fut le cas, par exemple, lorsque les marchés financiers se sont effondrés en 1989, et que la technologie fut pointée du doigt pour avoir contribué aux ventes massives d'actifs. Les robots paramétrés pour la gestion des portefeuilles de titres, approuvaient les ordres de ventes, tels des mandataires, en simplifiant les transactions pour leur liquidation. Tout ceci fut pourtant fait sans que cette technologie soit titulaire d'une quelconque personnalité juridique. La technologie n'est pas uniquement inventée pour automatiser les interventions. Elle tient aujourd'hui un autre rôle particulier, celui de permettre à l'homme d'avoir accès à une information digérée par des modèles décisionnels et d'en obtenir les options qui leur sont applicables. C'est la cybernétique décisionnelle.

Aujourd'hui cette technologie est accessible à tous grâce à l'avènement de l'internet, le web étant une immense base de données qui remplit son rôle de fournisseur d'information. Elle simplifie la prise de décision et nous permet d'agir n'importe où puisque l'information est elle-même disponible sur votre téléphone. La globalité du marché est donc accessible en utilisant la technologie, et les opportunités pour en tirer profit sont omniprésentes. En s'appuyant sur l'existence de la technologie domestique, ce livre présente une série d'idées et d'initiatives qui devraient permettre à son lecteur d'en tirer profit lorsqu'il l'utilise. Un effort fut fait pour dresser un état des lieux de la connaissance intuitive gérée par la technologie. Il s'agit d'un ouvrage facile à lire qui approche la modernité comme instrument d'amélioration du bienêtre depuis n'importe quel endroit du globe. Il ne s'agit pas de faire la promotion du cosmopolitisme, ou de vendre une opinion globalisme, mais d'offrir l'opportunité au lecteur d'utiliser ce qui existe pour son agrément. Ce livre va réconcilier le lecteur avec l'économie.

INTRODUCTION

Le fondement de la globalisation

La globalisation des marchés, c'est-à-dire l'implantation géographique et homogène des réseaux de production, des transactions industrielles, commerciales et financières est l'aboutissement d'une forme de relation humaine amorcée il y a maintenant 4000 années par les Assyriens.

Elle a des origines historiques et culturelles. La communauté humaine a sans cesse étudié le comportement social dans le seul but d'améliorer les relations établies entre les personnes et obtenir une paix durable comme aboutissement logique de leur coexistence. La reconnaissance de la personnalité des groupes s'est accompagnée d'une large coopération culturelle, celle qui a permis de mobiliser le système éducatif dans le but de consolider les technologies, puis on a pu dynamiser cette technologie pour sécuriser les échanges et le commerce. Le commerce est donc l'objet de l'amélioration des conditions humaines, et se pose comme un droit naturel collectif et individuel. Il est ainsi naturel pour l'homme de communiquer avec le groupe pour jouir d'un environnement paisible. En jouissant de ses droits, il contribue au partage des ressources et des biens selon les besoins des collectivités humaines par le commerce et l'échange. Le contrat, la négociation du prix, l'institution de moyens logistiques rentrent dans la définition des termes de cet échange et sont donc les instruments de cette communication. Produire un bien, le vendre et le transmettre est une pratique naturelle et culturelle de l'activité de l'homme douée de la parole et de la raison. En liant le droit naturel à la dynamique commerciale, les communautés humaines ont atteint le consensus, et accepté d'y intégrer la dimension supranationale comme corollaire authentique des échanges dès le jour où la technologie l'a permise. Les raisons étant que la nationalité de l'individu ou de son entreprise n'est pas un point de discussion dans l'attribution du droit à contribuer à l'amélioration de la communauté humaine. Le commerce, dans son sens moderne, devient ainsi international. L'échange, l'acheminement d'une valeur et la transaction sont les trois piliers de la dynamique commerciale existante entre les hommes. Ils permettent à l'individu de transmettre un bien (une denrée, une technologie, un produit manufacturé), une information (une méthode pédagogique, un témoignage, une idée), un service (un soutien logistique, une contribution à un projet) de manière libre et spontanée. Discuter des buts de l'échange commercial ne doit pas occulter ses motivations et ses aspirations. Le motif est un élément incontournable du phénomène d'échange. Pourquoi l'homme, en tant qu'individu, accepte-t'il de contribuer au bien-être du groupe ? L'échange commercial étant un besoin du groupe, il convient de définir le bien public obtenu par l'instrument de l'échange en y associant le bien privé, c'est-à-dire le gain personnel logiquement obtenu par la mobilisation de l'individu dans ce processus. Nous touchons ici à la théorie libérale qui rend obligatoire la promotion de l'initiative privée comme accomplissement du bien public. Sans initiative privée, il ne peut y avoir d'échange et de coexistence pacifique entre les peuples, eux-mêmes bénéficiaires des valeurs véhiculées par l'institutionnalisation du commerce international. La notion de profit devient, via l'activité de commerce, le leitmotiv de l'action de groupe. Il est nécessaire d'approcher l'échange comme un phénomène humain, fruit de son patrimoine social et historique. Il s'agit d'un phénomène qui est apparu pour satisfaire le besoin d'échange, et reste antécédent aux motifs du lucre. Ainsi, les Assyriens, ne pouvaient avoir conscience que les lettres de change utilisées comme promesse écrite pour la fourniture de plomb allait servir de modèle pour la création d'instruments spéculatifs à la Bourse de Commerce de Chicago 4000 ans plus tard. Il faut dissocier les buts des motifs de l'échange, car les motifs évoluent avec l'innovation technologique, alors que les buts sont culturels, inamovibles et indépendants de l'innovation technologique. L'examen de ce phénomène doit considérer les notions de bien public et privé, car il permet ainsi de déduire le comportement de l'individu dans l'environnement déterminé par les cycles de marchés. L'évolution de l'environnement, va servir de modèle fondamental pour suivre le comportement des acteurs impliqués dans le commerce international, et ainsi de prédire très souvent l'évolution des marchés. L'histoire de ce fermier du Midwest illustre cette idée. Dès les années 1850s il était possible stocker la production agricole dans des hangars agricoles que l'on appelait «granges». Ils avaient des châssis en bois qui pouvaient résister aux tempêtes et supporter des charges lourdes, telles que la nourriture des animaux. Dans l'état de l'Illinois, ce père de famille, fermier, se rendait à Chicago tous les ans en septembre pour vendre à la criée une partie de son bétail et de sa récolte. Il lui était impossible toutefois de planifier son activité, car plusieurs facteurs aléatoires liés à son exploitation agricole rendaient impossible tout plan de financement à long terme. Le prix du maïs, tout comme le prix du blé ou le tournesol, s'orientaient à la baisse à l'approche des moissons et de la mise en vente des récoltes sur le marché. Il connaissait la logique de la loi de l'offre et de la demande, et comprenait les raisons pour lesquelles il ne pouvait espérer obtenir plus de 0,15 cent pour la vente d'un quintal de mais en cette période. Un autre facteur aléatoire et plus inquiétant se trouvait être les caprices climatiques de la région où il vivait. Deux années se sont écoulés après que l'ensemble sa récolte a été décimé par une tornade et qui a anéanti par la même occasion l'ensemble des cultures du Comté de Jefferson. La récolte avait alors été quasiment inexistante sur l'ensemble de l'Etat de l'Illinois et l'offre réduite à quelques dizaines de quintaux. Mais voilà qu'en soirée, il apprend en lisant le journal de sa commune, qu'une filiale de Bank of America Corporation venait de s'installer à 15 miles de sa ferme. Le lendemain, il décida de prendre une heure de son temps pour connaître les conditions d'octroi d'un crédit bancaire. Il ressentit une grande amertume lorsque la banque proposa de mettre sous hypothèque sa ferme et ses terres pour l'octroi de ce crédit. Il n'y avait pas d'autres alternatives proposées par la banque. Le fermier comprenait que l'activité agricole comportait traditionnellement des risques dans le Midwest.

Toutefois, notre fermier eu l'idée de négocier les termes d'un contrat de crédit en proposant à la banque une option différente. Il demanda au banquier de mettre en gage l'ensemble de sa récolte contre crédit sur une période de très court terme établie sur trois mois. La banque accepta d'émettre une lettre de crédit d'une valeur de 20 quintaux de blé au prix du marché au jour de la signature du document. En échange, le fermier reçut à son compte une créance de 4,00 dollars. Le risque pour le fermier était qu'un défaut de paiement ou un remboursement partiel de la dette, l'obligerait de vendre sa récolte et de restituer à la banque le fruit de cette vente pour recouvrir la dette dans les 90 jours. Tel était le terme de l'engagement qu'il venait de prendre. A la sortie de la banque, notre fermier, était conscient qu'il ne pouvait pas vendre sa récolte à la période arrêté par le contrat, mais, il savait qu'il pouvait lui-même acheter dans le courant du mois, 20 quintaux de blé à un prix inférieur à 4,00 dollars. C'est effectivement ce qui s'est passé. A la fin mars, il acheta 20 quintaux de maïs pour 3,50 dollars grâce aux 4,00 dollars octroyés par la banque. Il stocka cette denrée dans sa grange jusqu'au jour où le prix des 20 quintaux de maïs ont atteint 4,00 dollars puis les a vendu. Il remboursa le banquier de 4,00 et empocha une plus-value de 0,50 dollars. Cette histoire comporte deux conclusions. Tout d'abord, elle décrit les conditions d'émission et de revente du «contrat future». Un système de Contrats dits «A terme», puisqu'ils sont négociables jusqu'à une date d'expiration (le terme) correspondante à la prise en main physique de la marchandise qu'ils représentent. Ces contrats sont actuellement négociés au Chicago Board Of Trade pour l'ensemble des denrées consommables (blé, orge, maïs, riz, bétail, etc..). Le second aspect de cette histoire est explicite sur le comportement humain et la manière de profiter du système établit par l'institution commerciale afin d'obtenir un gain ou un bien privé. Il est fondamental de comprendre que l'initiative individuelle est conditionnée par l'environnement mais aussi par le niveau technologique et institutionnel mis à notre disposition pour manœuvrer. Le fermier à pu dégager une plus-value, car la filiale de Bank of America Corporation s'est ouverte dans sa commune, et qu'il a pu établir un accord avec celle-ci. Il existe également des situations où, l'opportunité de gain qui peut résulter d'une action précise est évidente et peut être propice pour la constitution d'un profit. Toutefois, le succès espéré ne sera jamais au rendez-vous pour des raisons psychologiques et rationnelles propre à l'individu. C'est toute une complexité, qui apparaît pourtant simple lorsqu'elle est explicitée, que nous pouvons maîtriser. Le but de cet ouvrage est de dresser une liste de mesures pouvant être utilisées à des périodes bien définies des cycles économiques afin qu'ils vous soient profitables. Ceci est possible en utilisant et en prenant en compte certains outils techniques faciles d'utilisation. La technologie appliquée dans tous les secteurs du commerce international, reste un instrument intégré dans la globalisation de l'économie. Elle est utilisée systématiquement par les acteurs de la globalisation. C'est par l'étude du comportement de ces acteurs que nous pourrons dégager un profit. Il n'y a pas de stratégie dominante dans le secteur du commerce international, il n'y a pas non plus de méthodes applicables en référence aux analyses techniques et complexes, puisque toute analyse financière dresse une tendance, mais ne définit pas de moment précis dans le temps où ses conclusions aboutissent. Elles restent donc risquées. Il existe au contraire des tactiques qui, une fois identifiées, dictent d'une manière précises des situations pour lesquels on peut agir. Elles constituent de véritables pépites pour l'investisseur, ou tout individu prêt à s'exposer sur ces positions. L'évolution technologique tient un rôle fondamental pédagogique dans la lecture de ce livre, même si elle n'est pas décrite, elle reste présente du fait que l'échange, l'acheminement d'une valeur et sa transaction, les trois piliers dont nous avons parlé dans cette introduction, sont véhiculés par l'évolution technologique.

CHAPITRE I

Creux ou semi-creux, où sommes-nous ?

En mars 2008, cela fait maintenant plus de sept ans, les experts parlaient de crise majeur de l'économie. A l'époque je travaillais pour la Société Capinvest qui venait de perdre 300,000 EUR en un mois sur des opérations de changes. En toile de fond, la banque New-Yorkaise Bear-Stearns, une institution financière Américaine très exposée dans les sub-primes. Elle fait part à la Réserve Fédérale Américaine de son besoin d'avoir une garantie de couverture de 3 milliards de dollars pour pouvoir continuer ses activités financières. Nous sommes le mercredi 5 mars, et le gouverneur de la Réserve Fédérale, Ben Bernanke, appelé en urgence pour valider cette demande administrative de couverture exceptionnelle refuse de satisfaire la demande de la banque. Le Gouverneur opte pour une démarche alternative, celle de convoquer le Directeur du Conseil d'administration James Cayne ainsi que d'autres hauts responsables de la banque. Le contenu de la discussion demeure secrète, mais une information tombe le lendemain jeudi 6 mars: le gouverneur de la Federal Reserve souhaitait qu'un repreneur privée se porte garant pour le rachat de cette banque qui venait de fêter ses 85 ans d'existence. La banque est mise sous tutelle de l'Etat, un fait jamais vu depuis 1992. Un prix de 133 dollars par action est alors avancé par l'autorité bancaire qui est en négociation pour sa cession avec trois repreneurs potentiels nommés par de Ben Bernanke. Le vendredi 7 mars, les media rapportent qu'une solution sur la reprise des actifs de la banque est en phase de conclusion, un accord est en vue. Ceci amorce un bon signal, celui de confirmer que la cession de la Bear-Stearns s'opère dans un cadre traditionnel, c'est-à-dire dans le politiquement correct qui se dissocie de la crise des sub-prime. Il n'y a donc pas de problème de confiance dans la gestion du dossier Bear-Stearn, il s'agit d'une opération qui va amorcer la fusion de cette banque New-yorkaise avec un autre partenaire bancaire. Une opération telle qu'il en existe depuis toujours dans l'économie de marché.   Seulement le tableau aux couleurs de bonne espérance présenté dans les média aux heures où les transactions sur le marché s'opéraient, s'assombri en plein weekend. La Bear-Stearn aurait présenté une situation faussée de ses comptes. Selon l'audit de la Réserve Fédérale, l'état des comptes et des actifs de la banque Bear-Stearns ne permet pas de valider son rachat au prix demandé de 133 dollars par action. Les tractations se déroulent désormais autour d'un prix de 18 dollars. Elle sera finalement rachetée par JP Morgan à un prix symbolique de 9 dollars par action. Si la banque New Yorkaise a menti sur ses comptes, cela veut dire que d'autres banques ont probablement, elles aussi, eu un intérêt à falsifier leur compte pour masquer une situation de quasi faillite. Matthew Tannin and Ralph R. Cioffi, anciens gestionnaires du fond d'investissement de la banque seront arrêtés en juin 2008 pour falsification de compte aux dépens des actionnaires de la banque. Le dimanche 9 mars au soir, en pré-marché c'est l'effondrement du dollar vis-à-vis des autres devises, mais c'est une hécatombe en particulier pour les positions dites «carry trade», c'est-à-dire des avoir en dollars qui utilisent traditionnellement le yen comme valeur refuge. Ce sont les fonds d'investissement privés et les fonds mixtes ayant une participation Etatique qui sont en danger. L'Islande n'en sortira pas indemne. Les gestionnaires de portefeuilles privés se trouvent dans l'impossibilité de clôturer leurs positions pour stopper les pertes liées aux carry trades, car les ventes massives se produisent au moment où la réconciliation bancaire du weekend se conclue, c'est-à-dire avant l'ouverture des marchés. Il s'agit ici d'opérations de change interbancaires probablement organisées par les banques le samedi 8 mars en pleine crise de la Bear-Stearn. Ces attaques contre les carry trade amplifient la baisse à un rythme si élevé que les banques et autres brokers ne peuvent garantir une clôture des positions gérés par les fonds privés aux prix affichés sur les plateformes. Personne ne peut vendre, car il n'y a personne pour acheter, la liquidité est insuffisante pour absorber les demandes de clôture de position.

Ce sont plusieurs milliards de dollars de perte pour les fonds d'investissement en une seule nuit. Nous parlons des fonds gérés pour les besoins de retraites par les assurances et les caisses maladie. Au-delà des conséquences sociales catastrophiques, ce scénario a une implication directe sur les prix des matières premières. Si le papier dollars ne vaut plus que la valeur minime allouée pour les transactions d'opération de change, il est également utilisé comme instrument de transaction pour l'achat et la vente de toute matière première. Nous entrons dans un contexte qui sort de toute logique. Acquérir un volume de matière première réglé avec un dollars dévalué demanderait de débourser plus de volume de papier monnaie pour sa transaction. Or, l'inverse se produit. La première économie mondiale, n'achète plus de matières premières. Les Etats-Unis sont en pleine crise, les emplois détruits ne sont pas compensés par une hausse du recrutement dans le secteur privé et le chômage augmente car la machine économique américaine s'arrête. En conséquence, moins de matières premières sont donc nécessaires pour répondre aux besoins du reste de l'économie fonctionnelle. La question qui demeurait importante dans ce contexte en cette fin d'année 2008 était: jusqu'à quel prix le baril de pétrole brut pouvait encore baisser. En Décembre 2008, je rencontre un ami d'université à Genève.

Il est responsable de la division du Moyen-Orient chez SGS, l'une des plus grandes sociétés de trading dans le monde. Une certitude est apparu dans son opinion, celle d'estimer que l'analyse technique, qui prédisait à l'époque une chute du prix du baril de pétrole brut à 32 dollars était irréaliste et dépassait l'entendement. Cette idée, était basée sur une observation simple. Il constatait qu'aucune compagnie pétrolière n'était prête à produire du pétrole brut à perte, et que le seuil de 40 dollars Américains affiché sur les marchés comme valeur transactionnelle pour un baril de pétrole était le seuil de rentabilité de la machinerie pétrolière. Il concluait que le sentiment général n'était pas à la convalescence de l'économie Américaine, mais c'est ce qu'il manquait pour afficher une confiance envers le dollar et une remise à niveau des prix du pétrole brut sur les marchés. Ceci devait arriver dans les semaines à venir, il en était convaincu. Je lui faisais remarquer qu'un sentiment général donne une tendance, mais ne donne pas de signal de convalescence durable sur les marchés. Je considérais qu'en mars 2009, on parlerait peut-être de hausse technique ou encore de correction de marché, mais pas de revirement de situation. Il avait en tout cas raison sur un point, la baisse du prix du pétrole brut n'a jamais atteint les 32 dollars le baril. Toutefois, deux enseignements sont importants dans cet exemple. En premier lieu, la spéculation (que nous nommerons ici «entrain général d'achat ou de vente démesurée pour une valeur ou une denrée»), cesse d'être active non pas pour des raisons techniques contrairement à l'idée générale reçue, mais pour des raisons fondamentales et psychologiques. Si l'une des forces du marché (l'offre ou la demande) cesse d'être actif alors le mouvement spéculatif s'enraye. Il s'agit d'un comportement qui casse le trend, c'est-à-dire qui stoppe, dans notre exemple, le cycle à la baisse du prix de pétrole de manière continue, rectiligne et uniforme. En prenant comme acquis cette idée, il serait bon d'analyser les situations dans lesquelles des situations similaires peuvent-être rencontrées, et d'en appliquer ses principes pour en tirer sans doute un profit. Sachez qu'on identifie facilement et très fréquemment ces situations sur le marché des changes. Nous quittons donc le secteur pétrolier et des denrées alimentaires échangées à Chicago pour mettre les pieds dans l'un des marchés les plus dérégulé du système libéral, je parle du Forex. Le marché des transactions des devises n'a pas de profondeur de marché, une transaction n'a donc pas de contrepartie contractuelle, il n'est qu'un volume de devises échangé contre un autre volume de devise selon le prix fixé par l'intermédiaire. Cette dérégularisation représente un risque de manipulation du prix proposé pour la transaction, simplement parce que l'intermédiaire que vous contractez décidera lui-même du prix de la transaction. On dit qu'il est un «price maker», un faiseur de prix auquel vous devez vous plier pour conclure la transaction. Toutefois, au-delà de ces préceptes techniques, il doit se soumettre à des règles qui vont dans le sens du mandat que nous lui avons attribué en tant qu'intermédiaire et facilitateur dans la transaction des devises: C'est la seule garantie que nous avons sur ce marché. A présent, je vous invite à observer l'ouverture des marchés des changes, lorsque les sessions asiatiques s'éveillent le lundi matin, ce qui correspond à l'heure tardive de 23:00 heure le dimanche soir à Paris, ou encore 21:00 à Londres et enfin l'heure du diner dominical à New York. Dans l'exemple de la crise des subprimes, nous parlions des transactions interbancaires organisées le week-end et de trous formés par le différentiel de prix entre la clôture du vendredi soir et l'ouverture du lundi matin. Ce trou, lorsqu'il apparait, a la propriété d'inhiber le rythme naturel des transactions, de la même manière que le mouvement à la baisse des prix de matières premières a cessé en

2009 lorsque l'offre refusait de remplir son rôle de fournisseur sur le marché. Un exemple récent, celui du défaut de paiement de la Grèce en juin 2015 va aisément démontrer que le marché a besoin de ses deux forces (offre et demande) pour fonctionner. La décision du gouvernement Grec d'organiser un référendum le samedi 27 juin dans le seul but de nier sa responsabilité politique vis-à-vis du réaménagement de la dette, a sidéré à la fois les partenaires de la Grèce mais aussi les titulaires des bonds du trésor issus des pays créanciers. Comprenons qu'une créance Grecque qui fait défaut, a un impact sur l'état de la dette du pays créancier, même si celle-ci ne dépasse pas les 2,0 % de son PNB. L'impact est mesuré par le taux d'endettement du pays créancier, dans un contexte où les pays créanciers sont également endettés. En similarité avec l'événement décrit lors de la crise des sub-primes, un trou important s'est formé entre le prix des positions affiliées à la devise Européenne en clôture de marché le vendredi 26 et leurs cotations affichées en pré-marché le lundi matin en Asie. L'exemple de l'Euro face au yen Japonais est le plus parlant. L'effet de choc faisant suite à l'annonce du référendum Grec, a accéléré les ventes de la devise Européenne pour lui faire perdre 430 points face à la devise Japonaise, en pré-marché. A l'ouverture des marchés, les vendeurs sont absents et les acheteurs ne font face à aucune contrepartie, et en particulier du côté des détenteurs d'euros achetés le vendredi soir. Aucune transaction de change ne se produit tant que le niveau de prix n'atteint les cours de la session précédente. Les acheteurs furent donc placés en situation de monopole sur un marché sans liquidité, ce qui a contribué a augmenté la volatilité du Yen face à l'Euro. Dès les premières minutes qui suivent l'ouverture du marché Asiatique, l'Euro organise sa correction. Une correction qui s'est achevée avant la fin de la session Asiatique. La devise Européenne a ainsi atteint rapidement le niveau de prix de clôture de la dernière session face au Yen en récupérant exactement le nombre de points perdus. Ce qui a créé la condition nécessaire et suffisante pour remettre en jeu la dynamique de vente, et faire perdre à l'euro sa valeur face au Yen, mais cette fois dans une relation entre l'offre et la demande établie d'égale à égale.

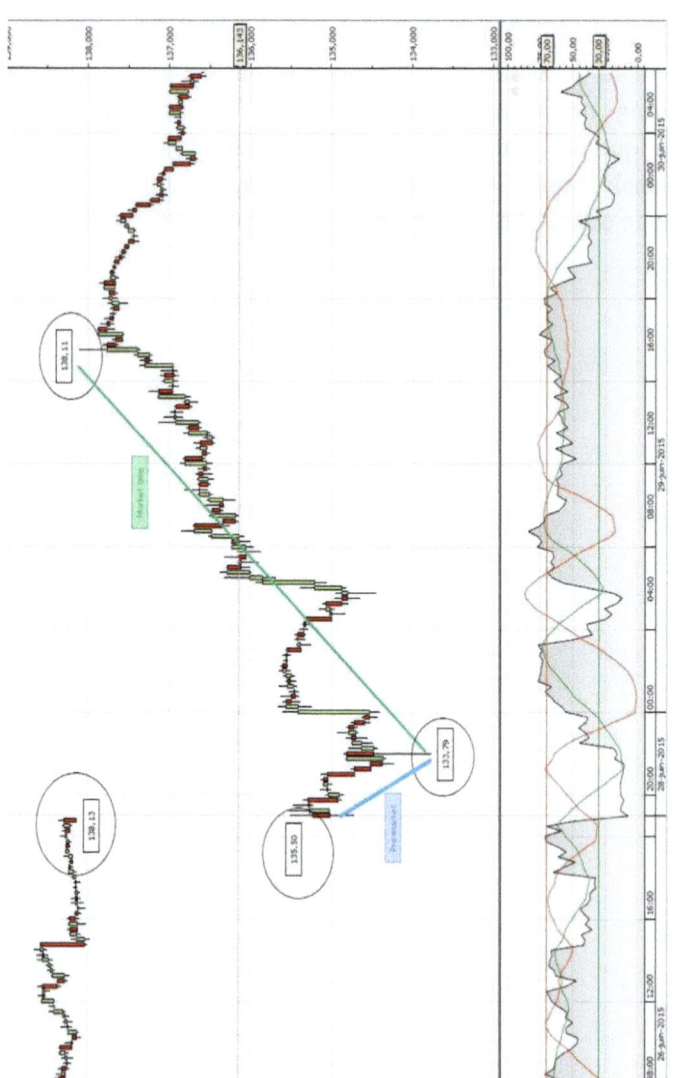

Le graphique de cotation intègre ici un indicateur utilisé pour mesurer l'amplitude des mouvements, il est appelé l'Index de Résistance. Il démontre que le marché est tellement survendu durant la période de pré-marché que seules les transactions interbancaires du week-end demeurent l'unique dynamique de vente, dans un marché extraordinairement dépourvu de toute liquidité. L'enseignement tiré de cette étude offre un intérêt particulier. Une différence existe entre la situation décrite pendant la crise des sub-primes du 8 mars 2008 et la crise liée au défaut Grec. En premier lieu, la crise des sub-primes a injecté sur les marchés une pléthore de vendeurs: la baisse entrainant une accélération de la baisse. Dans la situation de l'Euro dans le contexte Grec, on observe qu'il n'y a pas d'éléments qui permettent de penser que la confiance des investisseurs dans la monnaie européenne est un enjeu. Les vendeurs dans ce cas auraient pris des risques très importants, en restant sur le marché des changes et acceptant la vente d'actifs sur un marché qui n'a pas de vendeurs. Le rapport de force est incommensurablement du côté des acheteurs dans le cas du défaut Grec. Les ouvertures de sessions après les week-ends, sont donc des opportunités exceptionnelles de profit qui, dans les exemples décrits, fonctionnent dans l'unanimité des cas. Ils constituent une très bonne base pour consolider un capital en utilisant la globalisation et l'innovation technologique.

CHAPITRE II

La naissance des cycles et leur maturité

Utiliser les théories des cycles économiques et les appliquer à un modèle global pour en dégager un profit n'a pas de sens dans le commerce international. La globalisation est sujette d'aléas qui peuvent rendre risquées des positions sur le long terme. En termes d'opportunité dans l'économie internationale, je considère le long terme, comme une période dénie sur 6 mois ou encore une année. On ne peut pas avoir de vision claire sur une telle période de temps, car le comportement du marché se modifie sur une telle période, cela fait partie de sa dynamique. Il est alors nécessaire d'avoir accès à des informations qui ne sont pas accessibles et exhaustives qui nous permettraient de manœuvrer et d'intervenir. Vous n'avez donc pas cette capacité pour minimiser les risques de failles. On comprendra facilement que l'examen de cycles longs, modèle conçu par l'économiste Kondratieff, ou de courte durée de 4 ans tels que Kitchin les concevaient, n'apporte pas de valeur ajoutée lorsqu'on prospecte les opportunités de court terme sur le marché international. Ceci ne signifie pas qu'ils sont insignifiants, mais plutôt qu'il est plus facile d'identifier des opportunités sur le court terme, c'est-à-dire un terme s'étalant d'une journée à une dizaine de jour. Il existe toutefois une exception à ce discours, ce sont les positions «carry trade» qui sortent du modèle des cycles. Elles reflètent une stratégie d'investissement bien définie qui considère le différentiel de taux d'intérêt comme une alternative à l'investissement classique offerte par les bonds du trésor. Cette stratégie du «carry trade» est intéressante dans un contexte où la confiance économique internationale est solide, et donc établie sur le très long terme. Gérer des positions sur les marchés, en s'appuyant sur des cycles courts, pointant une session d'une journée (ou au plus une dizaine de jours), ne permet pas d'accéder à la lecture des analyses globales établies sur des modèles financiers et de comptabilités économiques. Aucune attention ne sera donc portée sur ces analyses pour estimer les opportunités de profit dans ce chapitre. Utiliser un modèle d'analyse de cycle permet de comprendre son processus de maturité et d'identifier simplement son éclosion sur un graphique. On pourra se positionner sur le trend de ce cycle et suivre son évolution et en dégager un bénéfice. Un cycle de marché est profitable quel que soit sa tendance, qu'il soit «bullish» (croissance, hausse de prix, entrain démesuré pour un achat) ou «bearish» (chute de prix, vente, décroissance et perte d'intérêt pour l'achat). Tous les cycles possèdent les mêmes propriétés ainsi que les mêmes étapes de développement: Naissance ; confirmation de tendance ; déclaration d'amplitude ; ralentissement ; et achèvement du cycle. Il est très facile aujourd'hui d'identifier et de suivre en direct toutes les étapes constitutives du cycle grâce à l'instrument technologique. La raison en est simple, les cycles courts sont motivés par l'analyse technique et évacue l'aspect fondamental de l'économie. L'analyse technique graphique classique faite pour les marchés n'est pas le meilleur instrument pour prédire les cycles. Elle est sujette à l'opinion et à la spéculation et ses conclusions sont risquées car statistiquement non garanties. L'analyse technique est en ce sens préjudiciable puisqu'il n'apporte aucun consensus entre les intervenants du marché. Il s'agit d'une forêt d'opinions difficilement gérable pour celui qui souhaite prendre position. Ce manque de consensus reflète la confrontation entre l'offre et la demande, c'est-à-dire la confrontation entre les convaincus de la baisse et les tenants d'une opinion haussière. Les forces du marché s'affrontent pour définir leur rôle de fixateur de prix du marché: il s'agit d'une véritable guerre d'opinions. Je n'apporte pour ma part que très rarement de crédibilité sur les méthodes d'analyse de Joe Dinapoli consistant à dessiner des «papillons» sur des chartes et de croiser ses dessins avec l'oscillateur de Fibonacci, ou encore de prospecter sur les pics de prix pour tenter de nous persuader que nous sommes en face d'un signal d'achat «Bread & Butter». Mais au-delà de cette analyse, je reproche surtout à ces modèles de présenter des points d'entrée de position qui ne sont pas des prix fixés par le marché, mais par les faiseurs de prix, c'est-à-dire sans homogénéité. Je suis d'avis qu'un soutien technique est nécessaire pour prendre position sur les marchés, pourvu qu'il soit clair, compréhensible et qu'il ne mobilise pas l'imagination. Il y a un besoin d'établir un système d'indicateurs agissant comme modèle et qui expose le plus clairement possible la situation de marché. La pertinence n'est pas de savoir s'il fonctionne efficacement dans toute situation, mais de comprendre dans quelles situations ce modèle est efficace et de l'utiliser dans ce contexte. Lorsque je parle de système d'indicateurs, je me réfère à une association d'instruments de mesure qui vont permettre d'identifier les naissances de cycles et d'en mesurer leur évolution. Il y a trois indicateurs, qui une fois associés, remplissent ce rôle. L'indicateur de force relative, qui est également appelé oscillateur de résistance (RSI). Son indice doit être calibré sur un seuil de 14. Cet oscillateur va mesurer l'état de saturation du marché et déceler l'absence d'acheteur ou de vendeur. Un marché survendu est ainsi décelé avec un oscillateur établi entre 10 et 30 unités. Dans notre graphique, la ligne horizontale verte en est la frontière. A l'inverse, une saturation à l'achat amènera une oscillation au-delà de 70, nous faisons référence à la ligne de couleur rouge. La zone neutre de cet oscillateur se situe au seuil de résistance établi à 50. Deux moyennes mobiles vont être utilisées dans ce modèle. Elles seront associées pour nous permettre de mesurer la confirmation de tendance du cycle ainsi que son amplitude. Il s'agit de la moyenne mobile modifiée (MMA) établie sur une période de 21, elle-même calculée sur le RSI. Elle apparait en rouge sur notre graphique. Enfin, troisième indicateur, une moyenne mobile simple de période 10 également calculée sur le RSI, et apparaissant en vert dans le graphique. Ces deux moyennes mobiles sont associées au RSI, et elles n'ont pas à apparaitre sur la cotation de prix du marché. Cette association de trois indicateurs va nous détailler tous les aspects de la maturité du cycle, en partant de sa naissance jusqu'à sa disparition. Le graphique mis à disposition dans ce chapitre décrit l'évolution d'un cycle sur une période d'une semaine qui prend place sur la paire de l'euro face au Yen Japonais. Une barre rapporte l'évolution de son prix sur une période de 4 heures. On retrace ainsi l'évolution d'un cycle de hausse sur 5 jours ayant une amplitude de 270 points (PIPs). A présent que nous avons un système de mesure, véritable tableau de bord pour manœuvrer, il convient de comprendre de quoi il est composé et ce qu'il nous dit sur l'état d'un cycle de marché.

1. **L'achèvement du cycle à la baisse** est le précurseur d'un nouveau cycle car le marché est répertorié par notre modèle comme étant survendu. Le RSI se trouve localisé en deçà du minimum de résistance requis pour l'autoriser à continuer son mouvement de baisse. L'indicateur de résistance atteint presque son seuil de 25 unités dans un contexte où le prix de la paire Euro Yen se stabilise sur un niveau de 133,50. Nous avons donc une forte probabilité pour que le prix ait atteint son support définitif. L'utilisation d'un graphique répertoriant des

formations de barres toutes les 4 heures, rend ce rapport crédible et précis. Dans l'éventualité où nous avions utilisé un graphique de périodes plus courtes (30 minutes par exemple), il aurait été judicieux de vérifier que le graphique de plus grande période (une heure par exemple) confirme la tendance que nous avons identifiée. Si les éléments de baisse ne sont pas confirmés sur le graphique d'une heure, alors la saturation du marché que nous constatons n'est pas forcément représentative d'une fin de cycle, mais plutôt d'une pause dans l'évolution du cycle qui ne cassera pas son trend et son élan (l'état du trend est exprimé par la pente de la moyenne mobile de couleur verte). Il faut alors renoncer à suivre l'évolution de votre cycle sur le graphique de 30 minutes, et le suivre le graphique d'une heure pour mesurer son évolution de manière plus précise. En pratique, ceci veut dire qu'il n'y a pas, ou pas encore, de nouveau cycle qui amorce un revirement de tendance. Je déconseille de prendre position tant qu'il n'y a pas confirmation de revirement de tendance sur les deux graphiques. Dans notre cas, nous notons que le cycle observé sur quatre heures en date du 11 mai est sécurisé car il remplit ces conditions.

2. **La naissance d'un nouveau cycle** se confirme à partir du moment où la moyenne mobile s'invite à l'intérieur de la zone du RSI. Puisque chaque barre représente une évolution de prix sur une période de 4 heures, nous constatons que sur les dernières 16 heures, le prix de l'Euro face au Yen n'a pas été négocié en deçà des 133,50. Il s'agit d'un prix plancher qui serait sans doute le prix idéal pour prendre position à l'achat. Il existe une méthode pour affiner l'estimation du prix du point d'entrée. Cette méthode est élaborée à la fin de ce chapitre. La naissance de ce nouveau cycle ne permettra pas à la paire d'atteindre de nouveau le seuil de 133,50. Si vous attendez la

naissance de ce nouveau cycle pour prendre position, ce qui peut être sage, votre point d'entrée doit être programmé au prix le plus bas affiché par la barre de confirmation (dans notre exemple, le point d'entrée alternatif est à 133,75). Il est probable que le prix de la paire revienne sur ce prix pour récupérer quelques retardataires qui, comme vous, ont préféré attendre cette naissance pour ouvrir une position. Ne ratez plus ce point d'entrée, car l'opportunité est alors perdue. Je n'encourage personne à prendre position en court de route, en pleine évolution d'un cycle, car la volatilité peut vous piéger et être créatrice de stress. Il est confortable, et donc idéal, de manœuvrer en appliquant une méthode que vous contrôlez, c'est-à-dire en partant du prix le plus adéquate pour arriver à votre but ultime: le succès. Limitez le risque d'être entrainé dans une situation sans contrôle, passer par des périodes de déficit de position est incroyablement stressant et peut-être déstabilisateur.

3. **La confirmation de tendance** vous permet de vous concentrer uniquement sur l'évolution de votre position, il s'agit d'une étape psychologique importante puisque votre position ne devrait plus se trouver en déficit à partir de ce point. Cette confirmation de tendance va rendre crédible votre position. La pente de la moyenne mobile simple (de couleur verte) est à présent positive, et le restera jusqu'à la fin du cycle.

4. **La déclaration d'amplitude** nous permet d'estimer la force du cycle. Dans notre exemple, le croisement des deux moyennes mobiles en deçà du seuil de neutralité du RSI, située traditionnellement à 50, nous informe que la volatilité du marché va conduire la paire à rechercher un nouveau support. Il est important de noter que cette correction ne casse pas l'état haussier du cycle puisque la pente de la moyenne mobile

simple reste positive. En général, la recherche d'un nouveau support correspond à un niveau bien défini du marché. Il peut être l'un des points pivot de la session en court ou une intervention technique. Il est intéressant de constater que le croisement des deux moyennes mobiles représente le parcours de mi-chemin du cycle sur lequel nous avons notre position. Ainsi, si notre gain en ce point précis est de 100 unité (PIPs),s alors nous devrions espérer faire un gain de 200 points. Ceci n'est pas une règle absolue, mais une estimation de votre performance et de la crédibilité de votre position sur le marché.

5. Achèvement du cycle de hausse, est l'étape ultime de notre position. Il faut à présent estimer le prix de clôture et quitter notre position. La tactique est assez élémentaire. Puisque la pente de la moyenne mobile simple est toujours positive, nous allons attendre que le marché soit suracheté, c'est-à-dire que le RSI se stabilise au-delà du seuil de résistance de 70. Nous gardons toujours notre position ouverte tant que la pente de la moyenne mobile simple se rapproche de la neutralité. Ainsi dans notre exemple, nous allons programmer une sortie au seuil du prix établi à 136,00. Même si le graphique ne le montre pas, la barre suivante retournera au niveau de 136,20 ce qui constitue le prix de résistance du cycle. Toutefois, pour des raisons pratiques, et parce que le prix de 136,00 est un prix arrondi, il est probable qu'il constitue la cible de la majorité des investisseurs actifs sur cette position. En conséquence, il se stabilisera plus ou moins à ce niveau. 6. **Comment être certain que nous avons pris la bonne décision** de fermer notre position ?

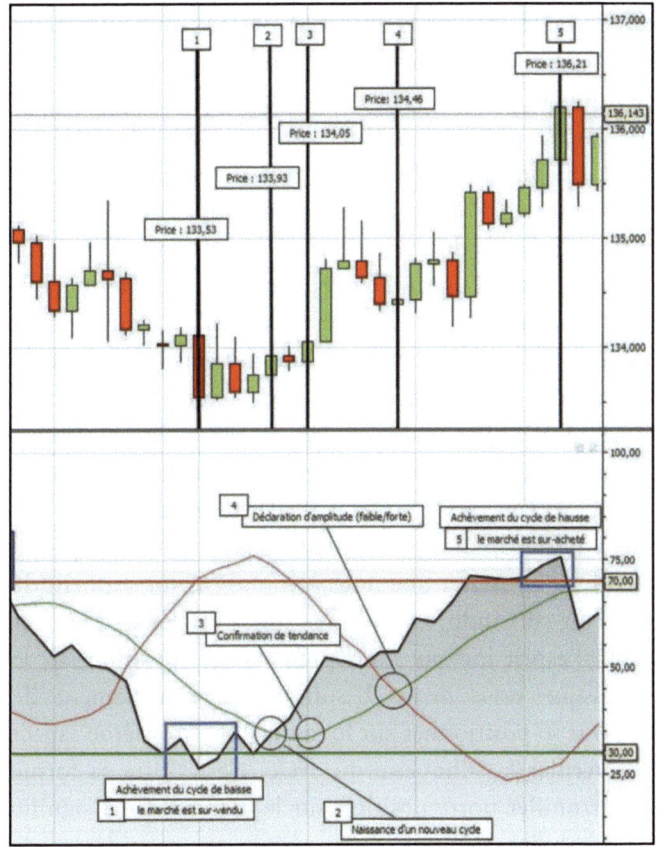

Même si dans notre cas nous avons atteint notre objectif, et dégagé un gain d'une valeur de 250 unités (PIPs), il se peut que le cycle soit imbriqué dans un trend d'une amplitude plus grande qu'estimée initialement. Vérifiez la consistance du trend avec un graphique établit sur une période plus longue. Mais dans notre cas, puisque nous avons utilisé un graphique d'une période de 4 heures, c'est le graphique de période journalière qui devra être considéré. Le rapport de prix fixé sur une variation de prix sur une session est pertinent. Utilisez toujours ce tableau de bord pour vous guider. A présent qu'il appartient au passé, il est opportun de comprendre pourquoi cette méthode a fonctionné. Je vous invite à pratiquer une autopsie de notre cycle, puis de clarifier de manière plus précise l'estimation du prix d'entrée et de sortie de nos positions. Le choix de prendre position le 11 mai au matin, et de gérer cette position jusqu'à la fin du cycle tient sur trois motivations. En premier lieu, il s'agit d'une analyse faite sur du court terme, qui utilise un graphique de longue période. Chaque barre représentant une variation de prix sur 4 heures (4 jours de session de marché ont été nécessaires pour obtenir à un succès). Les évolutions de prix analysées sur des périodes de longue durée sont stables, visibles et crédibles, c'est une période que je privilégie, c'est la raison pour laquelle nous donnons une crédibilité à notre opinion. Vient ensuite, en deuxième point, la pertinence de constater que nous sommes sur un segment de marché qui est survendu. C'est un postulat de départ qui doit être gardé à l'esprit lorsque nous prenons une position sur le marché puisque nous avons besoin d'un retournement de tendance pour se positionner sur le marché. Le troisième aspect consiste à vérifier la silhouette du cycle, c'est-à-dire sa forme avant de verrouiller notre position sur le marché. Ceci signifie que la probabilité de succès se vérifie en considérant le graphique de plus longue période (ici dans notre cas, il suffirait de constater que le graphique journalier est en harmonie avec notre cycle de 4 heures). On peut toujours affiner la recherche graphique pour trouver le point d'entrée et de sortie idéal sur une position en suivant la méthode du Zoom-in.

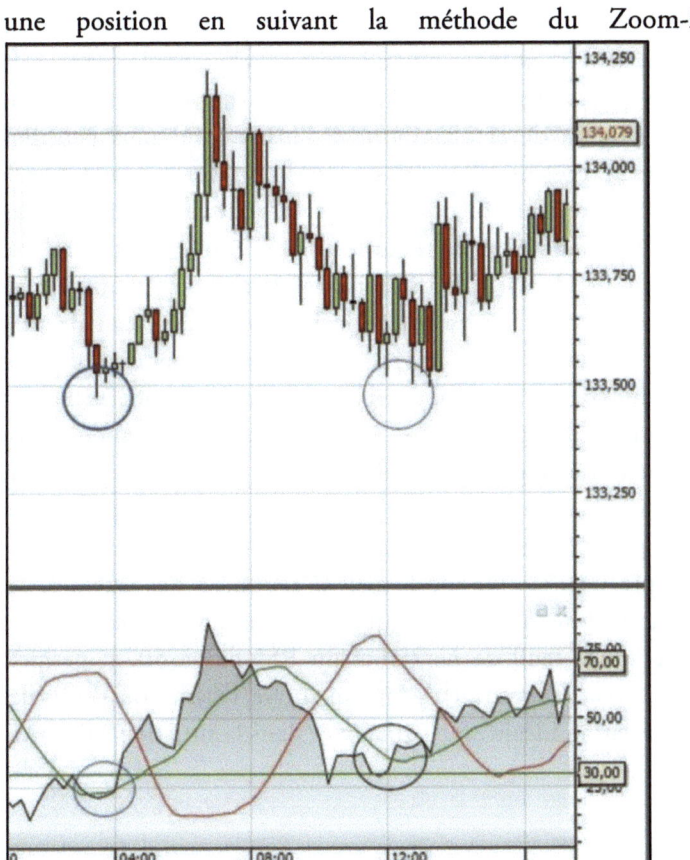

Il vous faut pour cela accéder à un graphique portant sur une période de 15 minutes et pratiquer une micro-observation du segment de prix. Il s'agit d'une observation graphique très simple qui tente de chercher le profil familier du cycle que nous voulons. Ainsi, puisque nous avons décidé de prendre position le 11 mai au moment où le marché était survendu, nous allons ouvrir cette position en nous basant sur le graphique qui semble le plus adéquate et chercher le support de prix le plus pertinent. Le graphique suivant est ce que nous avons obtenu de la plateforme à l'instant où nous pensions qu'il était possible d'ouvrir une position sur un prix fixé à 133,50 : Le zoom-in organisé sur la période de 15 minutes nous offre une vision claire sur le point d'entrée de notre future position au 11 mai. Le RSI confirme la présence d'un marché survendu à deux reprises dans la matinée. Le niveau de prix correspondant se situe à 133,50 Yen pour chaque euro. Ce zoom-in confirme d'une part notre stratégie reflétée sur le graphique de période de 4 heures, mais valide aussi l'opportunité de placer un point d'entrée sur ce niveau de prix. La même méthode est à appliquer par assimilation pour clore notre position au 14 mai. L'exemple que nous avons utilisé n'est pas un exemple idéal, mais il répond à nos attentes. La situation idéale apparaît lorsque la déclaration d'amplitude se forme sur le seuil de neutralité du RSI fixé à 50. Il permet, lorsque cela se produit de mieux suivre l'évolution du cycle. Une situation idéale est ce qui arrive dans la situation suivante:

Comme nous devons tirer une conclusion sur l'analyse des cycles telle qu'elle est appliquée dans la globalisation des marchés, il est important de comprendre que cette manœuvre ne nous renseigne pas sur les objectifs de profits au moment de la prise de position. C'est au marché de décider, durant la dynamique du trend, où se situera la fin du cycle, et le modèle nous orientera sur le prix de clôture de notre position, par le mécanisme que nous avons développé. Ce système est efficace lorsque le marché nous informe de signes précurseurs de l'éclosion d'un nouveau cycle lorsqu'il est saturé. Le dessin, c'est-à-dire la silhouette du cycle, telle qu'il apparait dans le RSI est important pour comprendre si le consensus est au rendez-vous. Il n'est pas fondamental, mais plutôt conseillé, de se positionner lorsque la saturation est identifiée sur le marché au point indiqué sur le graphique car c'est l'amplitude du mouvement qui permet de mesurer le succès. Si la saturation du marché n'est pas établie, alors le trend risquera de ne pas atteindre sa maturité car la déclaration d'amplitude apparaitra en-deçà (trend haussier) ou au-delà (trend baissier) du point de neutralité du RSI. Cette méthode, ainsi que le modèle de tableau de bord construit dans ce chapitre, fonctionne avec tous les instruments de marché. Toutefois, il identifie davantage d'opportunités sur les paires qui sont les plus traités durant les sessions de marché. Ainsi, le modèle identifiera plus facilement des opportunités cycliques entre 15:00 et 18:00 heure de Paris pour la paire Sterling / Dollars Américain, car la plage horaire correspond à la période où Londres et New York sont en pleine session commune. Une autre observation concerne les devises croisées avec le Yen. Pour des raisons liées à un aspect plus fondamental, notre modèle sera très performant pour identifier le trend de leur fluctuation.

CHAPITRE III

«Carry trade » : Les taux dopent la fluctuation.

Les modèles mathématiques sont traditionnellement utilisés dans l'enseignement de la macro-économie pour expliquer la stratégie d'investissement dites du «carry trade». Les utilisateurs de cette forme d'investissement apposent un corrélateur de calcul de risque sur le capital disponible, puis verrouillent enfin leurs positions par l'achat d'options sur devises appelées «les vanilles». Ceci n'est qu'un résumé de ce qui se passe dans les coulissent des gestionnaires de fonds d'investissement. Ce qui nous intéresse ici est de montrer qu'une base solide de connaissance mathématique et technique peut avoir une alternative, et que le modèle de cycles que nous avons bâti et discuté précédemment est prêt à être utilisé pour gérer les carry trade.

Lorsque nous parlons de carry trade, nous faisons référence à une stratégie de long terme qui a fonctionné sur les marchés des changes pendant plus de 13 ans. Elle fut largement utilisée pendant la période de 1995 à 2008, une époque où le commerce électronique révolutionnait les relations humaines avant de se ternir en pleine crise de l'immobilier. La crise des sub-primes, qui fut d'abord préjudiciable par l'absence de confiance entre les banques, fit disparaitre cette méthode d'investissement. Elle tend à revenir timidement, mais l'économie mondiale ne s'étant pas encore rétablie pleinement des difficultés liées à la dette souveraine, le carry trade reste occultée par des craintes d'instabilité. Elle n'est pas prête aujourd'hui à redevenir la stratégie leader du marché financier.

Voyageons en Asie, et arrêtons-nous au Japon, l'une des premières économies régionales et mondiale. Ce pays est en pleine compétition avec la Chine. En 1992, le gouvernement Japonais est conscient que la Chine, répertoriée comme pays émergent, a la capacité d'exporter des produits manufacturés bon marchés en mobilisant une main-d'œuvre peu couteuse. Le gouvernement Japonais comprend que les termes «main d'œuvre peu couteuse» ou «force de travail peu cher» appartient au vocabulaire utilisé par les entrepreneurs de pays riches pour exprimer leur motivation à investir en Chine, c'est-à-dire à contribuer au développement économique de son principal concurrent. Pour le Japon, le préjudice apparait au niveau de l'avantage comparatif que la Chine possède, grâce au faible coût de sa main d'œuvre, pour inonder le marché international de biens manufacturés très bon marchés. Cet avantage comparatif, sera le cheval de bataille du Japon qui amorcera une véritable révolution monétaire pour soutenir sa politique d'exportation. Le gouvernement Nippon va mettre en place une politique monétaire si agressive qu'elle va réussir à casser le monopole Chinois et récupérer des parts de marché à l'exportation. La «loose monetary policy» va sortir des laboratoires Nippons et être utilisée largement sur le marché des changes international. Elle va permettre à tout investisseur de recevoir une rente financière sur la vente du Yen. La banque du Japon va ainsi appliquer un taux d'intérêt négatif, ou parfois très proche de zéro, pour faire baisser la valeur de la devise nationale. Une stratégie se dessine dès lors pour les cambistes ayant à leur disposition des plateformes de changes déjà informatisées. Les fonds d'investissement, les investisseurs privés, les banques, les assurances, les fonds de pension, mais aussi les caisses maladie vont emprunter massivement du Yen et devenir rentier grâce au taux d'intérêt négatif offert par la Banque Centrale du Japon. Cette masse monétaire libellée en Yen va être alors échangée sur le marché des changes pour l'achat de bonds du Trésor émis par les pays offrant de forts rendements (Etats-Unis, Australie et New-Zélande). Les tenants de ces positions bénéficient ainsi d'un revenu en tant que débiteur de l'Etat Japonais et créditeurs du gouvernement d'Australie ou Néo-Zélandais.

L'intérêt pour le Japon est dès lors évident. Cette politique monétaire, fait chuter le cours du Yen face aux autres devises. Cette dévaluation maitrisée, car sans inflation, va fournir au Japon une opportunité extraordinaire pour exporter ses biens manufacturés dans les pays consommateurs de nouvelle technologie. Le volume de production Japonais s'accroit à vitesse exponentielle et au même rythme que ses exportations. A titre d'illustration, le taux de change entre le dollar Américain et le Yen négocié à 78,50 en mars 1995 sera échangé à 148,00 en juillet 1998. Un bien manufacturé confectionné au Japon devient donc deux fois moins cher en 1998 qu'en 1995. La méthode du carry trade nous intéresse, et nous allons identifier les conditions dans lesquelles nous pouvons utiliser cette stratégie pour prendre des positions sur le marché international sans passer par des modèles de calcul macroéconomiques complexes. La santé de l'environnement de l'économie globale est déterminante pour le succès de ce genre d'opération, puisque la valeur d'un portfolio comportant ce type de placement se dévalue lorsque la confiance se détériore. L'effet d'une dépréciation de la devise utilisée avec le Yen a un effet de levier négatif sur les positions carry trade, ce qui joue contre nous. Le Swap, qui est le revenu offert par le différentiel de taux d'intérêt, ne compense pas cette dépréciation. Les positions carry trade sont donc abandonnées par leurs détenteurs dès qu'un cycle économique se trouve baissier, y compris dans le court terme, et le Yen redevient une devise achetée. Ainsi, durant la crise des sub-primes, le taux de change du dollar Américain contre le yen est passé de 122,50 en juin 2007 pour atteindre le seuil de 75,00 en octobre 2011. La difficulté que rencontrent les administrateurs de fonds de gestion en carry trade à gérer leurs positions se trouvent être dans l'attention constant apportée dans la maintenance du portfolio. Il s'agit d'être attentif sur l'environnement global pour prendre les bonnes décisions. Il n'y a pas de stratégie dominante sur ces positions du fait que le succès de cette stratégie est soumis au caprice de l'humeur de l'économie. Mais il est possible d'utiliser notre modèle de cycle pour estimer le moment où une position carry trade peut être fermée et ne privilégier que les positions haussières qui nous placent dans la catégorie de rentier. Sachez qu'une position de carry trade vous permet de bénéficier du Swap par une baisse d'un point (PIP) de votre prix d'entrée à chaque ouverture de session Asiatique. Un détail non négligeable qui permet aux acheteurs d'être profitables sur des positions d'achats sur le long terme. Le paiement de cette rente est appelé l'«overnight Libor». Une position à faible effet de levier devient la stratégie optimale et en constituera un revenu régulier. Je suis d'avis que le modèle de cycle bâti précédemment peut être utilisé comme instrument d'analyse pour gérer sur le long terme des positions carry trade. Nous allons apporter toute fois une innovation pour son utilisation, nous allons ignorer la composante RSI, mais conserver les deux oscillateurs constitués par les moyennes mobiles définies précédemment. L'utilisation du modèle de cycle que nous avons mis en place peut donc être utilisée pour cette stratégie puisqu'elle comporte les moyens d'identifier des risques cycliques. Un cycle haussier sera assimilé à une période de prospérité. Le modèle que nous avons bâti ensemble va être utilisé comme oscillateur dans la stratégie du carry trade. Une stratégie que nous allons utiliser en s'appuyant sur un graphique d'un mois, c'est-à-dire un graphique où chaque barre formée représente 22 jours (hors week-ends) de fluctuation de prix. Les positions ouvertes pour les opérations seront conservées plusieurs mois, voire parfois un an ou même deux. Elles constitueront notre portfolio tant que la bonne santé de l'économie mondiale sera au rendez-vous. Nous gardons ainsi notre modèle pour observer le comportement des moyennes mobiles (SMA - 10) et (MMA - 21) que nous avons établis et les utiliser comme instruments de signal d'achat et de vente.

Nous allons retracer l'histoire de l'économie mondiale en analysant l'évolution de nos signaux d'achat et de vente dictée par notre modèle. Nous allons revivre les crises, les troubles, la bulle internet, la crise des sub-primes ainsi que la crise de la dette souveraine au moment où nous recevons le signal de vente des positions carry trade. Notre action va se réduire à une pratique très simple. Lorsque la moyenne mobile colorée en vert (SMA - 10) croise la moyenne mobile rouge (MMA - 21) pour continuer sa course en pente positive, alors nous considérons que nous pouvons acheter un carry trade. La moyenne mobile verte se trouve dès lors au-dessus du MMA - 21.

	Oct. 90 - Oct. 91	Dec 93 - juin 96	aout 96 - juin 97	Fev 99 - juil 2000	Nov 2001 - Jui 2004	Fev 2007 - Jui 2008	Dec 2009 - Avr 2011	Sept 2014 - Mai 2015
Entrée (prix Achat)	0.7788	0.8787	0.7888	0.6166	0.8209	0.7888	0.8976	0.8762
Sortie (prix vente)	0.7836	0.7870	0.7600	0.5972	0.7031	0.8579	1.1000	0.7662
TOTAL opération de change	0.0071	0.0793	-0.0285	-0.0193	0.1822	0.0693	0.2024	-0.1100
TOTAL PIPS profitables sur opération	71	793	-288	-193	1822	693	2024	-1100
SWAP (mesuré en PIPs)	858	980	550	935	1760	935	880	440
Résultat opération en PIPs (points)	929	1773	264	742	3582	1628	2904	-660
Performance de l'opération	+46,45%	+88,65%	+33,00%	+37,80 %	+180,00 %	+81,40 %	+146,20 %	-33,00 %
Remarques:	Les performances ont été calculées sur la base d'un levier appliqué ainsi : Somme disponible X 5 (1:5), Ex: 5,000 EUR utilisé pour acheter 25,000 EUR de contrats							
Période historique	Le modèle a identifié l'apparition d'une crise, et envoyé l'ordre de fermer la position en oct - 91.	Le modèle a identifié l'apparition d'une crise, et envoyé l'ordre de fermer la position en Juin - 96.	Le modèle a identifié l'apparition d'une crise, et envoyé l'ordre de fermer la position en Juin - 97.	Le modèle a identifié l'apparition d'une crise, et envoyé l'ordre de fermer la position en Juil - 00.	Le modèle a identifié l'apparition d'une crise, et envoyé l'ordre de fermer la position en Jui - 04.	Le modèle a identifié l'apparition d'une crise, et envoyé l'ordre de fermer la position en Juil - 08.	Le modèle a identifié l'apparition d'une crise, et envoyé l'ordre de fermer la position en Avr - 11.	Le modèle a identifié l'apparition d'une crise, et envoyé l'ordre de fermer la position en Mai - 2015.
Origine de la Crise	La Livre Sterling est attaquée, elle sort du $MIE. C'est le « Black Wednesday ».	Crise des pays industrialisés. La croissance est en panne	La crise Asiatique, la monnaie Thaïlandaise s'effondre, s'ensuit l'effondrement du système financier Asiatique	La bulle Internet implose, c'est l'effondrement du marché financier. Les bourses du monde s'écroulent.	Crise pétrolière et hausse du prix des matières premières. Haussent des coûts fonctionnels des économies mondiales	La crise bancaire et financière des subprime pose le fond a cette prime pose le problème majeur de la confiance entre les banques.	Crack boursiers en Europe, en toile de fond la dette souveraine. L'économie, en besoin de nouvelles liquidités déprime	La dette Souveraine de la Grèce est dans l'actualité. Le gouvernement Tsipras, et la consolidation qu'une dette peut ne pas être remboursée.

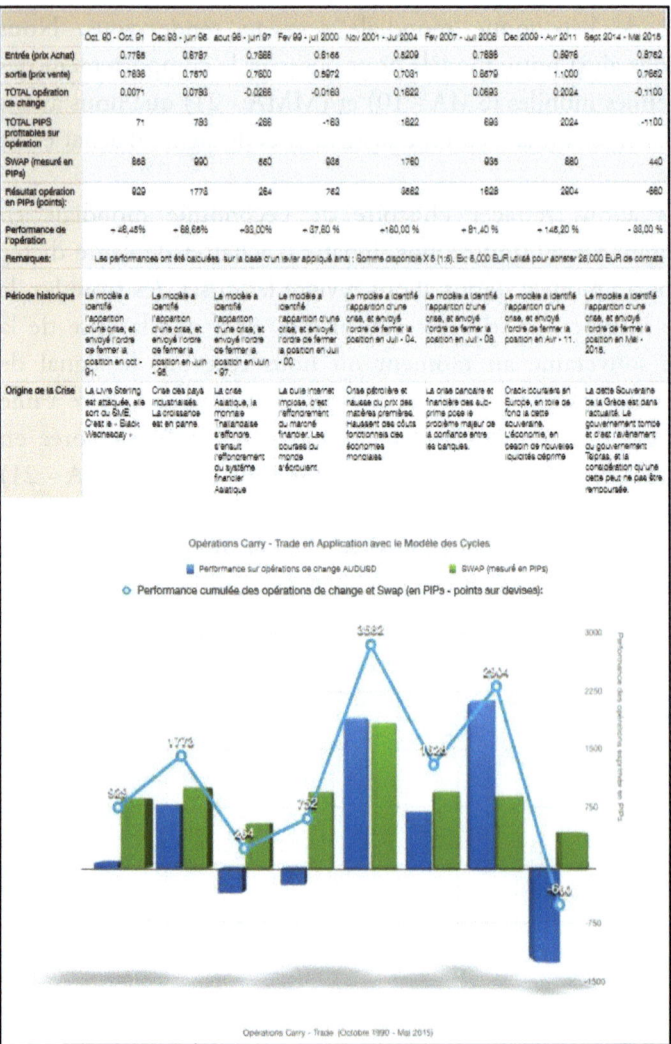

Opérations Carry - Trade en Application avec le Modèle des Cycles

○ Performance cumulée des opérations de change et Swap (en PIPs - points sur devises):

Opérations Carry - Trade (Octobre 1990 - Mai 2015)

A l'inverse, lorsque la moyenne mobile rouge croise le SMA - 10, il s'agira d'un signal de vente et nous fermerons notre position. Aucune autre position ne sera ouverte à l'achat tant que le signal «bullish» ne sera pas visible sur notre graphique. Toutes les positions résultantes de cette stratégie sont prises sur des mouvements haussiers. Les signaux perçus par le modèle des cycles sont sporadiques, rares mais durables. Ils correspondent à la logique du marché des changes de leur appliquer un rôle protecteur en période d'expansion économique. Le swap, c'est-à-dire la rente versée au titulaire du portfolio, est une pratique uniquement possible en période d'expansion économique. Le modèle utilisé pour les opérations carry trade a été appliqué sur les fluctuations de la paire de devise Dollars Australien contre Dollars Américain. Le modèle identifie facilement les cycles économiques par le comportement du marché. Lorsque l'événement international influence sur la santé de l'économie ou ses phases de dépression, les moyennes mobiles réagissent. Notez que le carry trade est efficace sur le long terme, mais inutile sur le court terme. Ainsi, la position ouverte en septembre 2014 pour être conservée jusqu'en mai 2015 fut fermée à perte. Cette perte est une exception dans notre stratégie, puisqu'elle apparait comme le seul échec sur les 15 dernières années. La fragilité de la reprise de l'économie, les dettes souveraines et surtout le volte-face du gouvernement Grec a surpris les marchés, et la paire Dollars Australien croisée avec le Dollars Américain s'est dépréciée très brutalement en réaction avec le regain de confiance pour le billet vert. Le dollar apparaissant comme devise forte en cette période, ce qui n'était pas le cas pour les autres devises victimes de la crise de la dette souveraine. Le chapitre sur le carry trade, comme stratégie de placement est à présent clos. Comprenez que les paires associées aux rentes «overnight Libor» ont toutes leur personnalités, et ont chacune un comportement différent face au marché. Notre exemple illustrant le comportement de l'AUDUSD prend en compte une devise sensible sur l'évolution des cours des matières premières (l'Australie exporte en particulier de l'or des métaux non ferreux, tout en gardant à l'esprit que ces matières premières sont régler en dollars Américain). Croiser le AUSSIE avec le dollar était pertinent pour cette raison.

CHAPITRE IV

La psychologie technologique

La technologie utilisée dans la gestion de l'économie internationale est souvent présentée comme un alibi pour déresponsabiliser l'être humain. Le partage des tâches entre l'intervenant humain et la machine n'a jamais été défini de manière visible, et ceci pose des questions quant à la responsabilité humaine au moment où une faille intervient dans l'utilisation technologique. Ce qui est certain est que l'automatisation des tâches, en particulier quand elle est appliquée au niveau de la globalisation de l'économie, prend une part importante dans l'activité économique et financière, l'homme n'a qu'une part minime dans l'ensemble des actions prises dans l'économie internationale.

Malheureusement, la technologie ne fonctionne pas toujours comme on peut l'espérer, et les failles d'utilisation sont courantes. Si les failles dans l'utilisation de la machine sont fréquemment identifiées, ses erreurs restent sans correction. Il se peut que l'homme a la conviction que sa responsabilité n'est pas opposable lorsque la machine commet des erreurs, ce qui le motive pour ne pas agir. Ceci ne fait pas référence aux bugs électroniques, mais à la difficulté pour la machine de trouver des alternatives claires au moment où elle transmet une information. L'outil technologique réagira ainsi de manière à maintenir son activité et continuer à gérer les tâches pour lesquelles elle est fonctionnelle. De quelles pièges peut-on parler lorsque l'on s'adresse à une technologie mise au point pour survivre aux épreuves des dettes souveraines, aux cycles économiques, aux enjeux liés à l'émission de contrats futures ou encore aux transactions informatisées ?

Tout d'abords quelques chiffres nous permettent de nous éclairer sur l'environnement de l'instrument technologique. Lorsque le marché des changes fixe un prix et le communique aux intervenants sur leur plateforme, ce prix est affiché pour chacun des intervenants, quel que soit le point géographique dans lequel il se trouve. L'outil technologique doit centraliser l'ensemble des forces du marché pour en faire une synthèse. Cette synthèse permet d'associer les ordres achats et de ventes et d'en fixer les prix sans omettre un seul acteur. Ainsi, si on considère le marché des changes, l'informatique va calculer le prix d'une paire de devise après avoir pris connaissance des intentions des intervenants et estimer le volume financier nécessaire pour la transaction. En moyenne 15 millions de dollars sont nécessaires pour chaque micro-fluctuation de prix. A titre d'exemple, lorsque le prix de l'euro face au dollar affiche une progression infime, passant de 1,12034 à 1,12035 en une microseconde, ce sont plusieurs millions de dollars de transaction qui vont verrouiller ce changement de prix. C'est le résultat d'une gestion électronique des ordres qui dépasse l'entendement humain. En d'autres termes, la machine a le monopole de décision sur la fixation de prix, et l'intervenant doit croire en sa bonne foi. Cette pratique adresse des questions sur l'éthique de marché. On tend a accroitre le volume des transactions sans garantir un contrôle de cette activité. Aucun individu, aucun groupe n'a la capacité de modifier la nature de ces transactions pour rétablir la responsabilité humaine face aux activités d'automatisation de la machine. La confiance humaine envers la psychologie de la machine est obligatoire mais faussée. Plusieurs incidents peuvent ainsi en résulter lorsque vous utilisez cette technologie. Faites ainsi l'expérience en comparant deux plateformes, la première est connectée au marché international et la deuxième est une simulation qui reprend le comportement du marché international. Vous aurez une facilité extraordinaire à manipuler la simulation, mais serez totalement importuné à utiliser la plateforme reliée au monde réelle. Ainsi, si vous ouvrez une position à une heure tardive, en particulier sur le marché des changes (le marché le plus dérégulé du marché financier), vous serez soumis à une hausse de spread dès l'ouverture de votre position. Le différentiel de prix affiché sur votre plateforme peut être multiplié par cinq. Une situation qui ne fera qu'augmenter la situation déficitaire de votre position. Le manque de liquidité et de volume sont des arguments présentés par les institutions de gestion de plateformes, mais demeurent insuffisants. De manière naturelle, les paires dites exotiques, c'est-à-dire ayant peu de liquidité sont soumises à des transactions qui prennent en compte un volume d'échange limité. Un spread large leur est habituellement apposée de manière institutionnelle.

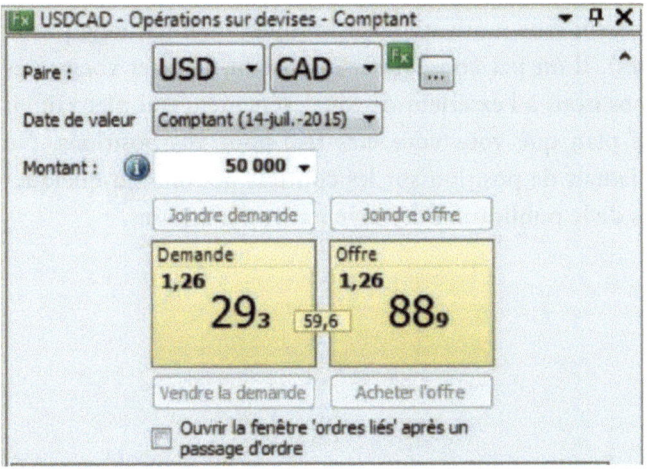

Spread de 60 points en pré-marché affiché sur la plateforme de Saxo-Banque

Ce symptôme est en particulier récurrent pour les brokers qui n'ont pas de licences bancaires pour gérer leurs opérations.

Utilisant leur situation de faiseur de prix, ces entreprises manipulent souvent le prix du marché en argumentant que les prix affichés leur sont imposés par leur partenaire bancaire. Mais cet argument est avéré infondé et faux. Souvent, on me demande quel broker puis-je conseiller pour se lancer dans l'aventure financière. Ma réponse est systématiquement claire : aucun. La banque spécialisée dans le traitement des opérations sera le meilleur partenaire que vous puissiez avoir, il est indéniable que le contrôle de l'activité bancaire apporte une sécurité non négligeable pour la gestion de vos positions, et en tant qu'intervenant sur le marché. Une autre dimension de la psychologie technologique se trouve dans l'optimisation des transactions. Il est absolument plus sécurisé de mener ses activités aux heures d'ouverture de marché qui offrent le plus de liquidité. Il est important de limiter les probabilités de spikes (c'est-à-dire des variations de prix qui interviennent brusquement sans motivations techniques, mais par manque de liquidités). Il est par conséquent important de gérer vos ordres et vos positions à l'extérieur de tout événement qui mettrait en cause le plan que vous vous êtes fixé pour vos positions. Ne prenez jamais de position sur les contrats pétroliers à quelques minutes de la publication des inventaires Américains.

CHAPITRE V

La psychologie humaine

Si la gestion des opérations financières est administrée par l'automatisation technologique, elle reste motivée par le comportement de la communauté humaine. Le rôle des intervenants illustre la dynamique des marchés et la combinaison de leurs actions en définit ses stratégies. Parmi toutes les méthodes d'intervention rendues possibles sur le marché, l'utilisation d'effet de levier sur les produits dérivés est rarement utilisée par les institutions financières. Le produit dérivé intègre lui-même une composante de risque et les banques ne s'autorisent pas à amplifier son bonus en s'endettant pour prendre ses positions. Un intervenant privé doit s'endetter, c'est-à-dire utiliser les fonds de la banque, pour établir un effet de levier lorsque ses positions sont sur les marché des changes, mais ce n'est pas le scénario applicable pour les banques qui sont elles-mêmes les propriétaires de ses fonds. Admettre que ce principe n'est pas établi dans l'éthique bancaire ne signifie pas que l'inverse puisse se produire, en particulier lorsqu'elles sont exposées à des positions baissières sur les contrats à terme. Déclarer que le marché des changes n'est pas régulé, signifie qu'aucun contrat ne reflète ses flux. Acheter ou vendre cents livres de coton, du blé, du maïs ou pourquoi pas du pétrole brut, est possible par l'achat et la vente de contrats de livraison, qui seront négociables sur les marché. Ce sont biens des contrats de livraison qui s'échangent sur le marché des matières premières à Chicago, ce qui n'est pas le cas pour les devises. Il n'y a pas de lieu géographique où les transactions de changes s'effectuent. Le mouvement d'un prix sur le marché des changes, établi par l'achat de l'une de ses composantes et la vente de sa deuxième, peut s'effectuer n'importe où et n'importe quand. Par conséquent, les ressources financières nécessaires pour organiser ces transactions ne sont pas comptabilisées par lots de contrats, mais mesurables grâce à la variation de prix qu'elle crée. Ceci a une implication sur la manière dont les transactions vont s'organiser sur le forex, car sans transparence elles sont sensibles au comportement psychologique des intervenants. La valeur d'un point de fluctuation du prix (un PIP) sur une paire de devise représente une transaction moyenne de 30 millions d'Euros. Si l'entièreté du volume de transactions nécessaire pour une séance de marché était injectée dès son ouverture, les variations de prix ne connaitraient pas de cycles de courts termes, car elles impliqueraient de violentes modifications de prix. Or, ces sursauts de prix sur le forex ne se produisent pas. Elles existent et restent le privilège d'interventions des banques centrales. C'est ce qui s'est passé le 15 janvier 2015 lorsque la Banque Nationale Suisse a cessé de soutenir l'Euro face au Franc, il n'aura fallu qu'une seule seconde pour lui faire perdre 10% de sa valeur. Les intervenants, au contraire, prendront le soin de gérer les transactions, et de les planifier dans le but d'éviter la création de déséquilibres qui leur seraient nuisibles. Les évolutions de prix sur les marchés des changes de gré à gré vont refléter des tendances sur lesquelles les transactions sont venir se greffer selon la «psychologie de l'iceberg». Si nous utilisons l'exemple d'une banque ayant besoin d'acquérir 3 milliards d'Euros en vendant le Yen Japonais, les transactions vont s'organiser sur plusieurs séances, utilisant le modèle de cycles de court termes pour rendre discret son intervention sur le marché des changes. Cette banque, tout comme n'importe quel autre intervenant sur le marché, va prospecter le marché dans le but d'identifier l'existence des niveaux de prix où se situent d'importants volumes de vente de dollars. Une fois ces volumes identifiés, elle va acheter de l'Euro tant que les niveaux de ventes de l'euro ne sont pas atteints, ce qui fait évoluer le cours de l'Euro/Yen à la hausse. Les vendeurs offriront de l'Euros une fois ces niveaux atteints, ce qui fera baisser les cours de la paire euro/yen, et permettra à notre banque de continuer ses achats d'euro à un prix plus bas. La banque devra à plusieurs reprises utiliser ce mécanisme pour aboutir à l'acquisition du volume de la devise Européenne dont elle a besoin. Ce mécanisme à des similitudes avec la position d'un iceberg dans l'océan. La partie visible reflète les transactions déclarées et organisée publiquement sur le marché, et la partie non visible de l'iceberg représente l'entièreté du volume de devise nécessaire pour la banque restant à acquérir. Cette pratique va au-delà d'une simple stratégie, car elle prétend prendre en compte la psychologie des autres intervenants, en refusant de divulguer au marché les besoins réels de la banque, dans un souci de ne pas porter préjudice à ses propres intérêts. L'achat entrainant l'achat, la banque gérera l'acquisition de dollars dans une discrétion absolue. Cette pratique nous permet de comprendre pourquoi il est important de connaitre les niveaux de prix, c'est-à-dire, de savoir à quel prix se situent les volumes de demande et d'offre sur le marché. C'est dans ce contexte que l'on parle de niveau de résistance et de support. Les analyses techniques faites par les chartistes se servent de la psychologie de l'intervenant pour dessiner les perspectives d'évolution de prix et anticiper leurs mouvements. C'est la raison pour laquelle, elles sont des instruments crédibles pour gérer les avoirs en devises ou sous d'autres formes d'actifs libellés dans cette devise. Dans le langage du particulier ou du petit porteur, cette pratique qui décrit la manière dont les banques visent des niveaux de prix pour déclencher les ordres d'achats ou de ventes en attentes, s'appelle «la chasse aux stops». Il est extrêmement important de comprendre la stratégie de l'iceberg pour pouvoir échapper à cette chasse. Les motifs des banques pour intervenir sur le marché sont différents de ceux des particuliers. La banque cherche à acquérir au meilleur prix un volume de devise pour le financement de ses activités, alors que le particulier utilise, par l'endettement et l'effet de levier, un volume de devise pour constituer un bénéfice. Si la banque échoue dans la gestion de son plan, elle reste propriétaire des fonds utilisés lors de ses opérations, alors que le particulier verra sa position fermée suite à un appel de marge. Le particulier, ne peut et ne doit pas fixer son ordre stop dans la zone constituée par le volume d'offre ou de demande en attente, car il sera définitivement stoppé. Le prix qu'il fixe comme prix de clôture de sa position en situation de perte doit être au-delà de cette zone connue par les investisseurs institutionnels. Il existe un moyen pour cacher le niveau de prix que vous avez établi pour clore à perte vos positions. Il suffit que vous ne communiquiez pas ce prix dans la programmation de prise de bénéfice et de «stop-loss». Votre prix de clôture à perte ne sera inscrit que sur un morceau de papier mis à disposition près de votre plateforme de transaction. Cette méthode est extraordinairement efficace. Ceci est jugé insuffisant pour garantir la sécurité de vos positions et le succès de votre activité, car vos positions doivent également résister à la variation de prix que vous observerez durant la chasse aux stops. La gestion de l'effet de levier est fondamentale pour aboutir de manière satisfaisante dans votre activité. Au-delà du bon sens, c'est la gestion du risque qui se trouve minimisée lorsque le levier est également minimisé. Il n'y a pas de calcul général du levier en relation avec le risque. Organiser ses activités sur des cycles courts se trouvent être moins risqué que sur les cycles longs (carry trade). C'est la raison pour laquelle les positions carry trade représentent un appétit pour le risque.

CHAPITRE VI
La personnalité des paires

Prendre la décision de s'exposer sur le marché doit être motivée par une appréciation de la situation globale de ce marché. Au-delà de cette appréciation, appelée sentiment général, vous devez considérer ses aspects mécaniques, comme par exemple l'amplitude de la volatilité d'un instrument. Cette appréciation va déterminer l'effet de levier que vous allez appliquer sur votre position, et lui affilier un prix de clôture qui vous couvrira éventuellement en cas de revirement de tendance du marché. L'aspect technique utilisé dans le modèle de cycle que nous avons établi ensemble est également importante. Vous avez ainsi plusieurs éléments à prendre en compte pour gérer votre intervention, mais le sentiment général du marché reste le critère le plus difficile à définir, car il est très subjectif. Ainsi, la crise de la dette souveraine dans la zone euro est à considérer lorsque nous décidons d'acheter de l'euro, car la devise Européenne est dans ce contexte plutôt jugée baissière. Toutefois, même si la faiblesse de l'euro est acceptée comme critère fondamental, elle reste une tendance qui n'exclut pas de larges mouvements haussiers visibles sur plusieurs séances. Les tendances sont affiliées aux cycles du long terme, en connaitre les motifs permet d'identifier les instruments financiers sensibles à celles-ci. C'est la personnalité du produit financier et de la devise utilisée pour l'acquisition de ce produit qui va être décisive dans notre décision. Le marché des devises est donc l'endroit idéal pour établir ses positions. L'économie globalisée est sujette à des cycles longs qui peuvent avoir plusieurs natures possibles. Les cycles peuvent donc être influencés par le niveau de la production mondiale, par la capacité des pays développés à consommer, par le ralentissement de l'investissement, par une accélération de l'innovation technologique (bulle internet), ainsi que par d'autres multiples événements qui peuvent influencer le marché. Une décision politique peut dans certains cas dicter les directions du marché. Il est nécessaire de connaitre la personnalité des devises pour deviner les tendances liées aux variations de prix dans les contextes que nous vivons, et d'adapter notre comportement en tant qu'intervenant privé. C'est sa corrélation avec l'événement qui permettra à une position d'être bénéficiaire ou pas. Plusieurs devises sont considérées comme des instruments protecteurs contre les incertitudes et les dépressions cycliques. Le franc (Suisse) est en l'occurrence très appréciée en période de d'incertitudes économiques. Les raisons de la vulnérabilité permettent d'identifier la devise à être utilisée (vendue) pour acquérir du franc Suisse. Nous n'aurions pas un marché des changes si nous étions incapables de comparer la valeur d'une devise avec la valeur d'une autre devise. C'est cette comparaison qui permet d'ajuster le comportement que nous avons en tant qu'intervenant sur le marché. Le carry trade jumelé avec le Yen Japonais est systématiquement utilisé en période de stabilité. Il n'est donc pas pertinent de placer un carry trade comme instrument de protection en utilisant le Yen avec le franc Suisse. Avoir un appétit pour le risque signifie d'abord que le Yen sera massivement vendu sur les marchés. Une appréciation plus forte du Yen que le franc Suisse signifie que la paire sera baissière, et que vous n'obtenez pas de bénéfice en vous exposant sur des positions d'achat du franc Suisse en vendant du yen. Si nous prenons l'exemple de la crise liée à la dette souveraine de 2013, et que nous comparons la dette publique des principaux pays développés, nous constatons que la Suisse n'a pas de taux d'endettement comparable à ce que les pays enlisés dans cette crise peuvent subir. Il existe une logique de vouloir acheter du franc Suisse afin de se protéger contre la dévaluation de l'euro. C'est ce qui s'est passé entre 2008 et 2011, le cours de l'EURCHF a perdu 50% de sa valeur pour atteindre une quasi-parité en aout 2011. Une situation qui a gêné la Confédération Suisse qui anticipait dès lors à une apparition de la crise en Suisse, puisque ses exportations étaient à risque. L'intervention de la Banque Centrale Helvète en été 2011, qui a dévalué le franc Suisse de 25%, a questionné dès lors le rôle de la devise Suisse en tant qu'instrument de refuge traditionnel contre l'incertitude internationale. La politique monétaire Suisse s'est donc orientée vers un soutien de la devise Européenne, et de ses partenaires commerciaux, pour des fins de politique générale. Cette question fut restée sans réponse jusqu'en janvier 2015, période qui a marqué un revirement de la politique monétaire initiée en 2011. La Banque Centrale Suisse, qui perdait des avoirs en achetant de l'Euro, décide de cesser d'acquérir des avoirs Européens (et en particulier des bons du trésor) et de suspendre tout soutien à la monnaie européenne. Le trend baissier amorcé par l'euro dès 2012 rendait crédible sa parité avec le dollar. La valeur institutionnelle de la paire, dopée par l'intervention de la Suisse, est devenue désuète le jour où les marchés en ont fixé sa valeur réelle. Elle atteindra un niveau historiquement bas en janvier 2015, en étant négociée à 0,80 de franc Suisse pour l'acquisition d'un euro. Les banques centrales utilisent constamment les intervenants institutionnelles du marché des changes comme intermédiaires dans la régulation des monnaies. Les intervenants apparaissent ici comme des partenaires. Les banques centrales, pour cette raison, n'interfèrent que rarement sur les marchés afin de ne pas déstabiliser les activités des intervenants et l'harmonie existante dans cette cohabitation entre les banques centrales et les intervenants. Un autre argument qui prône la non-ingérence de la banque centrale dans les transactions concerne la crédibilité de ses motifs. Ainsi, toute intervention, si elle fonctionne, est de court terme. Afin de corriger et d'influencer le comportement des intervenants sur le marché, les banques centrales utilisent plus fréquemment les déclarations faites à l'intention des marchés. La communication comme instrument de régulation, se référant sur les perspectives économiques et l'état de la politique monétaire a un double avantage, elle permet de laisser la responsabilité des ajustements de marché aux intervenants. Elle permet aussi aux banques centrales d'aboutir à leur fin en donnant leurs sentiments sur les perspectives de marché. Nous prenons le cas du dollar Américain utilisé comme devise pour l'achat de matières premières. Deux agrégats vont être incontournables dans l'évaluation de la valeur fondamentale de la devise Américaine : le niveau de la dette publique et les instruments utilisés par la banque centrale pour la gestion de cette dette.

Le taux d'intérêt est, aux Etats-Unis, le principal instrument de gestion de la dette avec en toile de fond l'état de la machine économique. Il existe une corrélation entre le prix des matières premières et le taux d'intérêt affilié au service de la dette. Comme les transactions internationales sont libellées en dollars Américain, les autorités Américaines ont le privilège de pouvoir imprimer du billet vert pour l'utiliser en s'approvisionnant en Matières Premières. Ceci a un corolaire, c'est le maintien d'un fort taux d'endettement nécessaire pour le financement de ses dépenses publiques. En d'autres termes, une hausse de l'activité économique aux Etats-Unis sera la conséquence d'une hausse du prix des matières premières. Cette hausse de l'activité de l'économie Américaine entrainera une appréciation du dollar et une baisse des taux d'intérêt, puisque la confiance dans la dette

Américaine réduira le prix du risque lié à l'endettement. Cette baisse des charges liées à la gestion de la dette permettra aux Etats-Unis de s'endetter davantage. Les pays producteurs de matières premières sont tributaires de l'activité économique des principaux pays consommateurs de matières premières. L'Australie et le Canada en sont des exemples clefs, étudier les cours du AUDUSD pour comprendre cette corrélation permet de le démontrer. Le Dollars Canadien ainsi que le dollar Australiens seront appréciés dans un contexte de cycle haussier des prix d'hydrocarbure et de métaux précieux. La hausse des prix des matières premières sont donc un facteur de développement économique, et de l'endettement comme instrument de financement du développement. Ceci, comme vous l'avez compris, est possible puisque l'appétit pour l'achat de bons du trésor Australiens et Canadiens augmentent auprès des investisseurs. Associer les devises pour les négocier dans les contextes de cycles économiques peut donc être judicieux en s'appuyant sur leur personnalité.

CHAPITRE VII

La gestion des risques

Avant de vous laisser tenter à l'aventure et de plonger dans le monde des affaires, il est nécessaire que vous réfléchissiez à la manière de gérer les risques affiliés à l'économie de marché, car il est l'aspect le plus important de la gestion financière. La gestion des risques est indissociable du volume de contrat, du temps que vous pensez allouer sur votre position ainsi que de l'opportunité de mettre un verrou de sécurité sur vos positions. Prenez en compte en priorité la volatilité de l'instrument dérivatif que vous allez utiliser, et le risque affilié à cette volatilité lorsque vous élaborez votre plan. Il est suicidaire de se lancer sur les marchés sans un plan qui inclut un plan B. On ne peut pas consulter les cartes de tarot pour établir une stratégie, mais on peut utiliser des outils pour garantir le succès de vos activités. Des solutions existent, voici l'exemple de modèle que je vous conseille sérieusement de suivre pour chaque position de longue durée (2 mois ou encore 3 mois). Vos propres analyses graphiques semblent démontrer qu'il existe un retournement de tendance sur les chartes calculant les variations de prix sur une journée, une situation qui est confirmée sur du plus court terme. Par assimilation, vous êtes convaincu que l'instrument sujet à votre analyse a un potentiel de gain de 300 points (PIPs). Toutefois, le risque existe que les choses ne se passent pas comme prévus. Ainsi, en juillet 2015, l'analyse sur le dollar Canadien (le Loonie) montrait que sa situation face au dollar Américain était au plus haut depuis 2008, et ceci représente une opportunité extraordinaire. Il affichait un cours à 1,2870 et était suracheté. Est-ce une bonne idée d'être en situation de vendeur sur cette paire. En fait, techniquement oui, mais les rumeurs de baisse de taux d'intérêt semble rendre votre décision risquée. Faites alors le point. Demandez-vous quelle somme risqueriez-vous de perdre dans la situation où votre position n'irait pas dans votre sens. Identifiez cette somme puis utilisez-là pour garantir votre position contre les pertes en achetant des options. Les options vous garantissent contre les pertes, et ne vous coutent que la somme engagée pour leur achat. En faisant le point, nous comprenons qu'inclure des options dans notre portfolio va permettre de connaitre le risque exact de perte potentielle, car cette perte représente la valeur du contrat d'option. En reprenant l'exemple du Loonie, on décide d'être vendeur sur le dollar Américain car on espère qu'une correction se fasse à un niveau de prix plus bas de 10%. Notre objectif est de fermer notre position lorsque le USDCAD atteint le prix de 1,16 dans les trois prochains mois. Nous voilà vendeur sur le dollar Américain à un prix de 1,28 pour un volume de 40,000 dollars. Cette position est complétée avec un contrat d'options (un CALL qui prendra de la valeur dans le cas d'une hausse de la paire) que nous avons payé 700 dollars et qui nous donne le droit, et la garanti de pouvoir acheter le USD à 1,28 quel que soit le comportement du marché sur une période de trois mois. Le comportement du marché va ainsi démontrer que le Loonie continue de s'apprécier, en particulier suite à la décision de la Banque Centrale Canadienne de baisser ses taux d'intérêt de 0,50 %. Le cours de la paire atteint, en contradiction avec notre pronostique, le seuil de 1.30. Notre position est à perte, mais notre portefeuille ne s'en trouve pas affectée car cette assurance prise (l'option) prend de la valeur sur le marché des options. Sans l'achat du CALL option, notre portefeuille serait en perte de 1,000.00 USD, alors que nous avons dépensé 700 USD pour l'acquisition de ce contrat d'option. Par l'achat de cette option, au seuil de 1.30 j'ai donc épargné une perte de

300 USD. Libre à moi de fermer toutes les positions, toutefois, je note également que la baisse du taux d'intérêt sur le Dollars Canadien me permet de dégager un carry trade positif qui m'a permis de renforcer la valeur de ma position malgré la baisse de sa valeur nominale. Toutes les séquences que je viens de vous décrire démontrent que nous pouvons contrôler les risques liées aux aléas du marché, et que nous avons réussi à gérer une anticipation des risques identifiées avant notre décision d'intervenir sur le marché. La gestion du risque permet de neutraliser les effets négatifs d'un investissement. Nous prenons conscience des raisons pour lesquelles cela peut ne va pas fonctionner, et nous mesurons les besoins en options comme une assurance contre la casse. Apprendre à mesurer le risque signifie prendre un risque suffisant sans prendre insuffisamment de risque. Ceci s'appelle « se balancer sur le risque pendulaire». Il fait allusion au symptôme qui reflète votre émotion et qui n'est pas adéquate pour les marchés : être dans la crainte de la perte, et être un peu limité dans ses risques. Lorsque ces deux éléments sont associés, il vous est difficile d'émettre un jugement rationnel. Ainsi, une consolidation du marché qui peut réduire votre marge de profit, représente souvent un bon signe pour le succès de votre activité. Cette attitude prend sa source dans le manque de confiance dans ce que vous faites, et l'action que vous menez. Il est un symptôme du débutant, c'est-à-dire, de celui qui se trouve dans un risque d'échec. En comparaison, mettez-vous dans les chaussures d'un jeune conducteur, et le stress qu'il peut ressentir lorsqu'il est seul pour la première fois sur une autoroute. Ce sentiment de crainte, ce conflit entre votre conscience et votre confiance semble propice pour troubler votre concentration sur la route. La situation est similaire, il faut donc contrôler également vos émotions. A l'inverse, les intervenants qui ont la conviction qu'ils peuvent atteindre des

performances extraordinaires vont être enclins à risquer davantage de capital. Les succès s'enchainent, et la conviction que le système n'a pas de danger apparait, ou encore que le marché n'a pas plus de secret. La tentation de risquer une plus grande portion de son propre capital va apparaitre, et les expositions sur le marché deviendront moins mesurées. Après avoir mis à risque 2% puis 5% de ses fonds, il passera à 25%. Ceci veut dire que dans l'hypothèse d'un échec, la perte de 25 % de son capital, demandera un effort plus grand pour récupérer le capital avalé par le marché. N'oubliez pas que 10,000 USD représente 10% de 100,000 dollars et 11% de 90,000 dollars. Il est encore impératif que vous vous posiez constamment la question : Suis-je conscient de ce que je risque ? Cette question est à être posée à chaque fois que vous avez le sentiment de comprendre où se dirige le marché. Ce sentiment trouble vos efforts d'investissement, car il porte atteinte à deux éléments importants du comportement d'un responsable de portfolio. Vous risquez d'échouer à maintenir le niveau de votre capital, et d'échouer à le faire croitre.

CHAPITRE VIII

L'environnement Général

Connaître les principaux acteurs du marché, c'est avant tout un moyen pour savoir dans quel environnement nous évoluons. Parmi les pays ayant aujourd'hui le plus d'influence sur les marchés, la Chine semble se placer en tête parmi les nations se déclarant comme grande puissance. Avec une population de plus d'un milliard d'habitant, une force de travail qui a la motivation de devenir une activité des plus productives, des ressources naturelles et économiques, la Chine a rapidement découvert l'influence qu'elle exerce sur ses compétiteurs également classifiées de grande puissance. Qui aurait pu imaginer il y a vingt ans en écoutant les déclarations isolationnistes du gouvernement Chinois, que ce pays allait devenir le pays le plus à l'écoute du monde Occidentale, en installant une vitrine façonnée à la mode capitaliste ? Nous sommes les témoins de l'expérience acquise d'un dragon régnant sur la consommation et la résurrection de l'initiative privée. Le tableau de l'économie globalisée a changé de manière durable lorsque la Chine a ouvert ses portes au marché du travail et des biens manufacturés au reste du monde. Chaque nation développée bénéficie de plateformes ouvertes sur la Chine car les biens produits sont manufacturés en Asie. Les biens de consommation courant sont presque pour l'essentiel assemblés en Chine. Même si vous n'êtes jamais allé en Chine, vous recevez au moins une portion de ce territoire par le bien que vous achetez pour améliorer le confort de votre vie privée. Si vous avez visité Hong Kong, vous avez certainement observé les montagnes de containers qui s'échafaudent dans les ports de transit commerciaux, faisant des allers retours entre les pays développés et Shangai. Les pays développés ont un appétit insatiable pour les biens de consommation, les biens manufacturés Asiatiques, principalement Chinois. Les usines ainsi que les ateliers de montages ont accès à une main d'œuvre en constante progression ravis de fournir les ressources nécessaires pour maintenir l'élan de production du pays. Nous parlons d'une force de travail jeune, dynamique et motivée et cherchant à gravir l'échelle de la société Chinoise. Un corolaire positif se trouve être l'enrichissement des villes et mégalopoles qui rendent durables les investissements programmés à l'intérieur du pays. Nous faisons référence à une capacité d'épargner dans un environnement bon marché, une base qui trouve au sein de la population une force incroyablement motivée pour préserver cet acquis. Imaginez-vous avoir la capacité de produire des biens manufacturés et de les exporter en ayant la garanti de trouver un acquéreur, car le prix que vous en demandez est deux fois moins cher que ce que vous obtenez chez vous, dans votre ville. Une garantie car la décision d'acheter tient essentiellement du prix mis sur le marché, pour peu que vous en ayez besoin. C'est une base qui permet aux pays développés d'investir en masse dans ce pays qui ne connait pas de ralentissement sévère de sa croissance industrielle. La masse d'investissement étant continuellement dirigée vers ce pays, ce mouvement crée une dynamique qui renforce la situation commerciale de la Chine. Les hausses de profit sont les conséquences d'un développement durable de l'économie et du gain de l'échelle de production. Les économies d'échelle et la consommation de masse sont donc des acquis qui ne sont pas le privilège des pays développés, mais qui appartient à ceux qui cherchent le succès dans leurs initiatives. C'est, en résumer, une synchronisation du revenu et de l'investissement. Cette capacité de se développer, permet de générer une richesse nationale où l'ensemble de la communauté peut en trouver un bénéfice. Ce phénomène ressembl au développement économique du Japon entre les années 1950 à 1990, avec une différence majeure, le développement de la Chine s'organise à une vitesse plus rapide et sur une plus grande échelle. Puisque la croissance du pays est en pleine expansion, la demande de la masse monétaire augmente en proportion. Dans de telles conditions, la valeur de la devise domestique est appelée à augmenter, ce qui rend les biens de consommations en générale plus cher et moins accessibles, avec un ralentissement de la demande et de la consommation. Aucun gouvernement n'observe d'un œil tranquille ce genre de situation, un ralentissement de l'économie peut mettre en cause un modèle qui offre une performance exceptionnelle. Le niveau d'exportation doit être ainsi maintenu à niveau et le seul moyen pour y parvenir est de manipuler le système des changes. Le moyen pour le gouvernement Chinois d'utiliser le Yuan comme instrument de soutien à l'économie est de vendre sa devise en achetant du dollar Américain ou d'autres devises fortes, ce qui est une procédure compliquée et couteuse. Un contrôle des changes est donc institutionnalisé qui permet de ne pas porter atteinte au trend haussier observé depuis les vingt dernières années, et l'engagement de la Chine à mobiliser plus de 700 milliards de dollars, permet de conserver cette tendance. En comparaison avec les Etats-Unis, la Réserve Fédérale détient seulement quelques 40 milliards de dollars en avoirs étrangers. C'est le symptôme d'une économie qui ne cherche pas à acquérir les instruments pour réguler son cours de change en utilisant la vente d'avoir. Les Etats-Unis utilisent un contrôle de sa dette et des taux d'intérêt pour superviser l'évolution de sa devise par rapport aux autres devises. Acheter de la dette du Trésor Américain permet d'accomplir deux objectifs. Le premier est de soutenir le Yuan sur le marché des changes, et de soutenir la valeur du dollar par rapport au Yuan Chinois. Cette politique même si elle est acceptée par les Etats-

Unis, qui trouvent les moyens de vendre sa dette à l'étranger, et soumise à une dépendance majeur de son économie en Chine. Cette relation symbolique de permettre d'acheter des biens de consommation en échange de la dette publique a fonctionné durant les dernières années, et n'a pas posé de problèmes immédiat. Elle a plutôt permis aux Etats-Unis d'accroitre son économie sans avoir un fort taux d'inflation. Sur le long terme, les incidences peuvent être différentes dans le cas, notamment, où les relations entre les deux pays changent brutalement dans leur nature, pour des raisons économique, de sécurité ou politique de voisinage avec les partenaires Américains. En associant la croissance économique avec le développement d'un Etat, l'inflation en devient le corolaire. La Chine a développé et innové un système qui court-circuite ce modèle traditionnel, grâce au contrôle des changes organisé en utilisant l'économie de marché. Cet inflation contrôlé est donc exportée dans les pays développé en même temps que les biens de consommation Chinois de plus en plus meilleur marché. Les relations entre la Chine et ses partenaires commerciaux ont donc jusqu'à aujourd'hui bénéficié de manière réciproque, mais certains signes de changement commentent à se faire sentir. Il est impossible de savoir pour combien de temps l'économie Chinoise va maintenir l'achat en masse de bons du trésors Américains, et pour combien de temps la Chine va utiliser sa monnaie comme avantage comparatif pour doper ses exportations. Utiliser la Chine comme substitut de production engendre des malus sur l'initiative privée et sur les usines domestiques. Un monde interconnecté dans sa globalité ne permet pas de dessiner des perspectives de changement sur des questions liées à l'éthique, et laisse peu de place pour une politique de changement. Nous savons que la situation particulière de la Chine vis-à-vis de sa politique monétaire ne peut durer indéfiniment, mais aucun palliatif ou contingentement n'a été murement réfléchi.

CONCLUSION

A vous de prendre position

Vous avez entre les mains une série d'idées qui devraient vous permettre de consolider votre capital, si vous vous décidez de vous lancer dans l'aventure technologique au service de l'économie internationale. Ce livre n'est pas un cours sur l'analyse technique, mais devrait compléter vos connaissances et vous aider à gérer vos positions en tant qu'intervenant sur le marché. Nous avons mis en place des instruments innovateurs qui sont applicables et utilisables dans la plupart des situations. Ils sont une alternative à ce qui existe aujourd'hui en tant qu'instrument analytique. Il est fondamental que vous, le lecteur de ce livre, gardiez un esprit critique sur l'ensemble des méthodes présentées pour ouvrir des positions sur le marché des changes, et sur d'autres marchés automatisés. Questionner les motifs d'un signal à la hausse, ayez votre avis sur une opinion baissière, adoptez les bonnes attitudes dans ce monde où l'information circulent à trop grande vitesse pour être analyser de manière décente, c'est-à-dire en prenant le temps d'exercer son esprit critique. Le succès que vous apportera ce livre, et j'espère qu'il le fera, sera le fruit de votre talent avant tout. Ce livre est un aide-mémoire pour comprendre comment le comportement de l'individu, lorsqu'il vit en communauté, influence sur les marchés. Vous avez à présent de bonnes bases pour fonder votre opinion et un avis personnel sur les marchés face aux pléthores de conseils existants sur la toile, qui ne donnent pas forcément d'explications sur leurs raisons d'exister.

Table des matières

Avant-propos — 7

INTRODUCTION — 9
Le fondement de la globalisation

Chapitre I — 15
Creux ou semi-creux, où sommes-nous ?

Chapitre II — 24
La naissance des cycles et leur maturité

Chapitre III — 37
«Carry trade » les taux dopent la fluctuation

Chapitre IV — 45
La psychologie technologique

Chapitre V — 49
La psychologie humaine

Chapitre VI — 53
La personnalité des paires

Chapitre VII — 58
La gestion des risques

Chapitre VIII — 62
L'environnement général

Conclusion — 67